国家民族事务委员会人文社会科学重点研究基地
西南民族大学中国西部民族经济研究中心

中国西部民族经济调查
（2015）

郑长德　罗晓芹　主编

经济科学出版社

图书在版编目（CIP）数据

中国西部民族经济调查 . 2015/郑长德，罗晓芹主编 .
—北京：经济科学出版社，2015. 12
ISBN 978 - 7 - 5141 - 6540 - 1

Ⅰ. ①中… Ⅱ. ①郑…②罗… Ⅲ. ①西部经济 -
民族经济 - 调查报告 - 中国 - 2015 Ⅳ. ①F127

中国版本图书馆 CIP 数据核字（2016）第 014592 号

责任编辑：王　娟
责任校对：王苗苗
责任印制：李　鹏

中国西部民族经济调查（2015）
郑长德　罗晓芹　主编
经济科学出版社出版、发行　新华书店经销
社址：北京市海淀区阜成路甲 28 号　邮编：100142
总编部电话：010 - 88191217　发行部电话：010 - 88191522
网址：www. esp. com. cn
电子邮件：esp@ esp. com. cn
天猫网店：经济科学出版社旗舰店
网址：http: //jjkxcbs. tmall. com
北京季蜂印刷有限公司印装
710×1000　16 开　12 印张　220000 字
2016 年 3 月第 1 版　2016 年 3 月第 1 次印刷
ISBN 978 - 7 - 5141 - 6540 - 1　定价：32. 00 元
（图书出现印装问题，本社负责调换。电话：010 - 88191502）
（版权所有　侵权必究　举报电话：010 - 88191586
电子邮箱：dbts@ esp. com. cn）

前　言

　　《中国西部民族经济调查》（CWEES）是国家民族事务委员会重点人文社科研究基地（培育）中心组织实施的一项调查项目。该项目以经济学、人类学的理论与方法为指导，严格遵循调查统计学的基本要求，随机抽样和典型调查相结合，定性分析与计量研究相结合，客观反映我国少数民族地区经济社会发展方面取得的成就，及时准确地反映民族地区经济社会发展中的问题和挑战，为促进西部民族地区的经济社会发展，进行前瞻性的理论探讨。

　　《中国西部民族经济调查》（2015）是中国西部民族经济研究中心于2014年组织的"中国西部地区农村经济调查"成果。长期以来，我国缺少关于少数民族地区家庭与个人的微观调查统计数据。因此，政策制定人员与研究学者很难了解少数民族地区的具体而微的情况。这使得国家在制定针对性政策以解决少数民族居民贫困、民族融合、少数民族地区经济与社会发展等问题时缺乏第一手的资料与实证的支撑。

　　为此，中国西部民族经济研究中心于2014年组织了"中国西部地区农村经济调查"，该项调查覆盖了我国西部12个省市自治区123个村庄，5967个家庭，23172个个体，调查内容包括家庭（个人）特征、经济及社会发展状况，试图回答关于我国西部地区各个少数民族经济与社会发展的相关问题。此项调查，从调查问卷的设计、调查的实施、调查数据的处理和调查报告的撰写，历时一年，主要由5位指导老师，10余名问卷设计队员，20余名带队老师，200余名调查人员，30余名报告撰写成员共同完成。统计调查在一定程度上弥补了缺乏少数民族地区微观数据的同时，这份基于第一手数据的调查报告，也将为我国制定与少数民族相关的经济政策提供实证的支撑。

中国西部民族经济调查是一项规模宏大的工程，这项工作的深入开展还需要社会各界的大力支持。因而，我们"嘤其鸣也，求其友声"，用报告"试作一啼"。我们相信，社会各界都来关心少数民族的经济与社会发展问题，中国西部民族经济研究中心的数据必将对我国相关的学术研究、政策制定等产生积极的推动作用。

中国西部民族经济调查（2015）得到了西南民族大学王维舟少数民族创新人才培养基金、中国西部民族经济研究中心研究基金、国家社科基金重大招标项目"新形势下推动民族地区经济社会全面发展的若干重大问题研究"、四川省教育厅创新团队项目"民族地区经济发展问题研究"的支持。2012级、2013级"维舟班"的部分同学和经济学院其他班级的部分同学全程参与了调查。调查由西南民族大学经济学院和中国西部民族经济研究中心组织，学院和中心的领导和部分老师参加了调查。在此一并表示感谢！道一声"你们辛苦了"！期待你们继续支持和参加中国西部民族经济调查！！

必须指出的是，本报告完全是基于调查数据形成，尽管在调查时尽可能考虑了调查方法选择的科学性，在调查质量控制方面也作了大量工作，但考虑到样本问题、调查经费的限制，及调查人员水平的限制，报告提供的数据仅供参考。报告之中，误推错断，在所难免，周爱咨诹，祈君赐正。

目 录

图 表 目 录

0 总 论

为了解我国西部地区农村，特别是少数民族地区农村经济社会发展情况，为学术研究以及政府制定提供科学依据，中国西部民族经济调查把 2014 年的调查主题确定为"中国西部地区农村经济社会发展综合调查"，于 2014 年 5 月启动。2014 年 7~8 月，13 支调查队伍分赴西部十二省市自治区进行入户调研，共收集问卷 6000 份。

0.1 问卷设计与调查质量控制

（1）问卷设计。本次调查问卷设计始于 2014 年 4 月，历时 2 个月，由 5 位老师和 13 名学生组成设计团队。调查范围拟涵盖西部地区，特别是民族地区的农村居民的经济、社会保障、健康、家庭情况等方面。问卷初稿于 2014 年 6 月初形成，随后在四川省双流县等地进行预调查。根据预调查中存在的问题，设计组对问卷内容进行了修改与完善。整个设计过程前后增删修改近 20 次，召开问卷设计协调会议 10 次，平均每次 8 小时。问卷终稿于 6 月底完成。

（2）抽样设计。本次调查采用典型抽样和 PPS 随机抽样相结合的方法。首先在西部十二个省市自治区中每省抽取两个重点县，在县层面再根据村委会提供的村民花名册使用 PPS 方法随机抽取样本，使得每一户家庭被抽中的概率相等。中国西部民族研究中心为每一支调查队伍配备了一名技术指导人员，严格按照随机抽样的方法完成样本抽取工作。

（3）调查质量控制。中国西部民族经济研究中心从近 400 名报名者中选择了 200 名学生作为本次调查的调查员。参与本次入户调查的调查员主要是西南民族大学经济学院的本科生和部分研究生。调查员均通过了中心的严格面试。取得调查员资格后，中心对调查员进行了严格的面访培训，主要包括访问技巧与问卷内容两个方面。访问技巧包括如何确定访问对象，如何取得对方信任，如何简便快捷地获取有效信息；问卷内容培训方面主要是通过培训让调查员熟悉问卷内容和跳问技巧。调查实施过程中，中心为每支调查队伍配备一名带队老师，每天调查结束后，由技术指导员完成问卷一审，带队老师进行二次审核。如对调查问卷有疑问，当天核实，以保证调查质量。

（4）后期质量控制。问卷两次审核完成后，由调查队员在实验室对问卷进行两次录入，并对比两次录入的数据以确保录入数据与原始问卷的数据一致。录入完成后，由问卷设计小组与报告撰写小组完成对数据的清理工作，对异常值采用打电话方式回访受访者以确保数据的准确性，并做好电话回访记录；对出现逻辑错误的地方通过与原始问卷核对或电话回访的方式进行修改；随机听取调查录音，以核实数据的准确性。因此，本次调查的数据具有较高的可靠性。

0.2 样本分布情况

本次调查地域涵盖了我国西部十二省市自治区，其样本的具体分布详见表0-1调查样本在各省市自治区的分布。

表 0-1　　　　　　　　　调查样本在各省市自治区的分布

省市自治区	样本量（个）	百分比（%）
内蒙古	1124	4.85
广西	1813	7.82
重庆	1723	7.43
四川	4551	19.64
贵州	2120	9.15
云南	2015	8.69
西藏	989	4.27
陕西	1741	7.51
甘肃	2080	8.97
青海	2001	8.64
宁夏	2038	8.79
新疆	976	4.21
合计	23172	100

　　本次调查的目的之一是了解西部地区农村的经济、社会发展情况，而这些地区主要是我国西部少数民族聚居的地区。这也可以从本次调查受访居民的民族分布中看出，详见表 0－2。从表 0－2 可以看出，受访居民中，汉族居民占40.95%，少数民族居民占 59.05%。少数民族中，壮族、土家族、藏族、彝族、撒拉族所占比例相对较高。这与西部地区聚居的主要少数民族占比相符。

表 0－2　　　　　　　　　　抽样调查民族分布情况

民族	样本量（个）	百分比（%）
汉族	9413	40.95
阿昌族	5	0.02
白族	23	0.1
保安族	3	0.01
布依族	690	3
布朗族	2	0.01
朝鲜族	3	0.01
傣族	481	2.09
德昂族	2	0.01
东乡族	11	0.05
侗族	1	0
独龙族	21	0.09
俄罗斯族	1	0
鄂温克族	19	0.08
鄂伦春族	6	0.03
高山族	1	0
仡佬族	510	2.22
赫哲族	2	0.01
回族	1681	7.31
京族	23	0.1
景颇族	1	0
柯尔克孜族	6	0.03
拉祜族	81	0.35
傈僳族	6	0.03
满族	14	0.06
门巴族	6	0.03
蒙古族	187	0.81
苗族	229	1

民族	样本量（个）	百分比（%）
仫佬族	7	0.03
羌族	719	3.13
撒拉族	1783	7.76
水族	1	0
塔吉克族	1	0
土家族	1650	7.18
佤族	34	0.15
维吾尔族	585	2.55
乌孜别克族	7	0.03
锡伯族	1	0
瑶族	10	0.04
彝族	1760	7.66
裕固族	1	0
壮族	1760	7.66
藏族	1237	5.38
合计	22984	100

第1章 人口学特征

1.1 总人口

1.1.1 汉族与少数民族

本次调查涵盖我国西部十二个省市自治区，共有样本人数 23172 个。受访居民中，汉族居民 9413 人，占 40.95%；少数民族占 59.05%。具体分布详见表 1-1。

表 1-1　　　　　　　　　　调查样本在少数民族与汉族的分布

民族	人数（人）	比例（%）
汉族	9413	40.95
少数民族	13571	59.05
合计	22984 *	100

注：* 与样本总量有差异，是由总样本删除未回答民族问题的无效样本而得。

1.1.2 汉族与少数民族分省情况

调查样本中，广西、西藏、青海三个地区少数民族人数占比较大，分别为 98.49%、100%、99.19%，其中西藏自治区全部为少数民族；内蒙古、陕西、甘肃三个地区汉族人数占比较大，分别为 95.27%、99.31%、99.81%；而其他地区汉族与少数民族人数相差不大。具体分布情况见表 1-2。

表 1 - 2   调查样本各省市区汉族与少数民族人口分布

省（市、区）	汉族		少数民族		
	人数	比例（%）	人数	比例（%）	样本量
内蒙古	1068	95.27	53	4.73	1121
广西	27	1.51	1760	98.49	1787
重庆	43	2.53	1655	97.47	1698
四川	1916	42.61	2581	57.39	4497
贵州	1208	57.72	885	42.28	2093
云南	441	22.04	1560	77.96	2001
西藏	0	0.00	986	100.00	986
陕西	1727	99.31	12	0.69	1739
甘肃	2075	99.81	4	0.19	2079
青海	16	0.81	1962	99.19	1978
宁夏	581	28.63	1448	71.37	2029
新疆	311	31.86	665	68.14	976

1.2　性别比例

1.2.1　性别分布

数据显示，样本中男性为 11990 人，占比 52.15%；女性 11000 人[①]，占比为 47.85%，其占比例低于男性的占比。性别在少数民族与汉族间也存在一定的差异。汉族男女比例为 111∶100，少数民族男女比例为 107∶100。汉族的男女比例略大于少数民族的男女比例，详见表 1 - 3。

表 1 - 3   汉族与少数民族性别分布

性别	汉族		少数民族	
	人数	比例（%）	人数	比例（%）
男	6951	51.75	4944	52.70
女	6482	48.25	4438	47.30

---

① 样本与 1.1 的样本总量有差异，是由总样本删除未回答性别问题的无效样本而得。

1.2.2 性别分省情况

调查发现西部各省的男女比例也存在一定差异。其中，男女比例接近于
105：100 的省（市、区）有重庆、青海；而男女比例相差最大的省份为广西，
达到 122：100；男女比例悬殊的省份还有贵州和甘肃，比例均为 117：100。具
体分布情况见表 1-4。

表 1-4 各省（市、区）男女性别分布

地区	男		女		
	人数	比例（%）	人数	比例（%）	样本量
内蒙古	588	52.31	536	47.69	1124
广西	973	55.00	796	45.00	1769
重庆	873	51.11	835	48.89	1708
四川	2350	52.26	2147	47.74	4497
贵州	1129	53.71	973	46.29	2102
云南	1026	51.07	983	48.93	2009
西藏	484	48.94	505	51.06	989
陕西	896	51.67	838	48.33	1734
甘肃	1119	53.82	960	46.18	2079
青海	1018	51.49	959	48.51	1977
宁夏	1047	51.58	983	48.42	2030
新疆	487	50.10	485	49.90	972

1.3 年龄状况

1.3.1 平均年龄

调查结果显示，西部十二省农村居民的平均年龄为 36.25 周岁。其中，
汉族的平均年龄为 39.20 周岁，少数民族的平均年龄为 34.25 周岁，详见图
1-1。

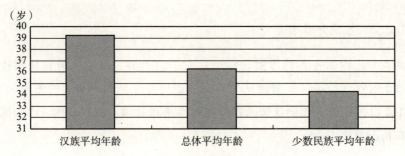

图 1 - 1　汉族与少数民族年龄情况

1.3.2　年龄结构

本次调查涵盖了不同年龄段的人群。调查结果显示，受访居民中 18～55 岁的成人有 12837 人，所占比例最高，占 58%。样本中，0～6 岁的儿童占比为 6%，6～17 岁的儿童占比为 15%。样本中老人的占比为 21%，详见图 1 - 2。

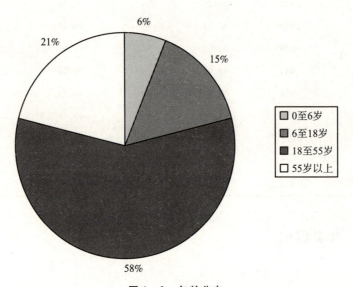

图 1 - 2　年龄分布

1.4　家庭规模

调查发现，样本共有 5967 个家庭户，其中少数民族家庭 3595 户，汉族家庭 2372 户。受访家庭的平均人口数为 3.88 人/户。家庭人口最少的为 1 人/

户，最多的有 12 人/户。汉族与少数民族的家庭规模有一定的差异。其中，汉族家庭人口的均值是 3.64 人/户，最大的为 10 人/户，少数民族人口的均值是 4.04 人/户，最大的为 12 人/户。少数民族的家庭规模略大于汉族的家庭规模，详见表 1 - 5。

表 1 - 5　　　　　　　　　　汉族与少数民族家庭规模比较　　　　　　　　　单位：人/户

	汉族			少数民族			合计	
	均值	方差	极大值	均值	方差	极大值	均值	方差
家庭人口数	3.64	1.59	10	4.04	1.55	12	3.88	1.58
户数		2372			3595			5967

1.5　婚姻状况

1.5.1　婚姻状况总体情况

调查发现，受访居民的婚姻状况在少数民族与汉族间存在较为明显的差异。其中，汉族居民单身的比例 29.56%，少数民族居民单身的比例为 36.22%；汉族居民离婚的比例 0.54%，少数民族居民离婚的比例为 1.80%。相对而言，汉族单身比例和离婚比例比少数民族相应比例略低，但差别并不十分显著。汉族再婚的比例低于少数民族再婚的比例，但汉族分居的比例高于少数民族相应的比例。具体分布情况见表 1 - 6。

表 1 - 6　　　　　　　　　　汉族与少数民族婚姻状况比较

婚姻状况	汉族		少数民族		总体	
	人数	比例（%）	人数	比例（%）	人数	比例（%）
单身	1211	15.57	1600	15.71	2811	15.65
未婚同居	26	0.33	48	0.47	74	0.41
已婚	6013	77.33	7753	76.14	13766	76.65
再婚	22	0.28	123	1.21	145	0.81
分居	16	0.21	9	0.09	25	0.14
离婚	50	0.64	108	1.06	158	0.88
丧偶	438	5.63	542	5.32	980	5.46
合计	7776	100.00	10183	100.00	17959*	100.00

注：*样本 22989 与 1.1 的样本总量有差异，是由总样本去掉无效样本而得。

1.5.2 各民族婚姻状况分布情况

根据样本中显示，汉族、傣族、仡佬族三个民族居民的分居比例最大，均为 0.2%；维吾尔族居民以 1.17% 的离婚比例居首位，傣族以 1.12% 的离婚比例居次位。详见表 1-7 各民族婚姻状况的分布情况。

表 1-7　　　　　　　　各民族婚姻状况的分布情况

	单身	未婚同居	已婚	再婚	分居	离婚	丧偶	合计
汉族	2772	27	6042	27	16	51	441	9376
阿昌族	0	0	4	0	0	0	0	4
白族	4	0	15	4	0	0	0	23
保安族	1	0	2	0	0	0	0	3
布依族	220	7	415	6	0	1	32	681
布朗族	0	0	2	0	0	0	0	2
朝鲜族	1	0	1	1	0	0	0	3
傣族	162	0	283	1	1	6	29	482
德昂族	0	0	2	0	0	0	0	2
东乡族	2	0	3	6	0	0	0	11
侗族	0	0	1	0	0	0	0	1
独龙族	1	0	1	15	0	0	0	17
俄罗斯族	1	0	0	0	0	0	0	1
鄂温克族	2	2	12	0	0	0	3	19
鄂伦春族	2	0	4	0	0	0	0	6
高山族	0	0	0	1	0	0	0	1
仡佬族	182	2	295	0	1	6	23	509
赫哲族	0	0	1	1	0	0	0	2
回族	623	3	973	3	2	6	38	1648
京族	7	0	8	2	0	0	6	23
景颇族	0	0	1	0	0	0	0	1
柯尔克孜族	1	0	5	0	0	0	0	6
拉祜族	28	0	46	0	0	0	4	78
傈僳族	4	0	2	0	0	0	0	6
满族	6	0	7	1	0	0	0	14
门巴族	4	0	2	0	0	0	0	6
蒙古族	84	0	96	0	0	1	6	187
苗族	84	4	125	0	0	0	10	223

	单身	未婚同居	已婚	再婚	分居	离婚	丧偶	合计
仫佬族	2	0	5	0	0	0	0	7
羌族	213	2	452	2	0	5	40	714
撒拉族	646	11	1002	52	1	20	43	1775
水族	0	0	1	0	0	0	0	1
塔吉克族	0	0	1	0	0	0	0	1
土家族	499	2	1028	15	1	18	72	1635
佤族	13	0	17	0	0	0	4	34
维吾尔族	206	1	329	8	0	10	31	585
乌孜别克族	1	0	5	0	0	0	1	7
锡伯族	0	0	1	0	0	0	0	1
瑶族	3	0	7	0	0	0	0	10
彝族	759	6	906	6	0	6	62	1745
裕固族	0	0	1	0	0	0	0	1
壮族	584	6	1061	7	1	16	74	1749
藏族	513	8	622	4	1	14	61	1223

1.6 政治面貌

1.6.1 政治面貌

关于政治面貌，调查发现少数民族与汉族居民中的群众成分占比最大。其中，少数民族中群众占比 88.84%，大于汉族中 88.08% 的群众比例。此外，少数民族中共产党员占比 4.87%，低于汉族 5.17% 的比例。少数民族中民主党派的比例高于汉族相应的比例。具体分布情况见表 1-8。

表 1-8　　　　　　　　　　汉族与少数民族政治面貌对比

政治面貌	汉族		少数民族		合计	
	人数	比例（%）	人数	比例（%）	人数	比例（%）
共产党员	484	5.17	665	4.87	1149	4.99
民主党派	10	0.11	28	0.21	38	0.17
共青团员	623	6.65	831	6.09	1454	6.32
群众	8250	88.08	12132	88.84	20382	88.53
合计	9367	100.00	13656	100.00	23023*	100.00

注：*样本 23023 与 1.1 的样本总量有差异，是由总样本去掉无效样本，即针对政治面貌问题回答的样本总量获得。

1.6.2　各省政治面貌状况

更具体地来说，政治面貌在西部各省中有较为明显的不同。其中，样本中云南省共产党员所占比例最大，为 6.97%；甘肃省为 6.25%，位居第二；西藏自治区占比为 5.88%，位居第三；而新疆维吾尔自治区共产党员所占比例最小，仅为 2.25%。内蒙古自治区政治面貌为群众的比例在西部各省中最高，达到 92.97%；贵州省政治面貌为民主党派的比例在西部各省中最高，达到 0.33%。详见表 1 - 9。

表 1 - 9　　　　　　　　各省（市、区）政治面貌分布情况

省市区	共产党员		民主党派		共青团员		群众		样本量
	人数	比例（%）	人数	比例（%）	人数	比例（%）	人数	比例（%）	
内蒙古	37	3.29	2	0.18	40	3.56	1044	92.97	1123
广西	84	4.68	1	0.06	94	5.24	1615	90.02	1794
重庆	87	5.08	0	0.00	106	6.19	1519	88.73	1712
四川	232	5.13	12	0.27	395	8.73	3887	85.88	4526
贵州	121	5.79	7	0.33	129	6.17	1833	87.70	2090
云南	140	6.97	4	0.20	84	4.18	1781	88.65	2009
西藏	57	5.88	0	0.00	43	4.43	870	89.69	970
陕西	95	5.48	3	0.17	127	7.33	1508	87.02	1733
甘肃	130	6.25	2	0.10	110	5.29	1837	88.36	2079
青海	68	3.41	2	0.10	108	5.42	1815	91.07	1993
宁夏	76	3.77	4	0.20	157	7.78	1781	88.26	2018
新疆	22	2.25	1	0.10	61	6.25	892	91.39	976

1.7　受教育程度

数据显示，西部农村地区的居民受教育程度普遍偏低。调查样本中，农村居民的受教育程度均值介于小学与初中之间。其中，没上过学的居民占比 24.54%，教育水平为小学和初中的居民分别占 32.02% 和 28.46%，高中及以上文化程度的居民占比不足 15%。同时，汉族与少数民族居民的受教育程度均值存在显著差异，汉族居民在接受正规教育各层次上的占比均高于少数民族居民。具体情况详见表 1 - 10。

表 1 - 10 　　　　　　　　　　　　　受教育程度情况

文化程度	总体		汉族		少数民族	
	人数	比例（%）	人数	比例（%）	人数	比例（%）
没上过学	5614	24.54	1798	19.37	3770	28.07
小学	7326	32.02	2728	29.39	4552	33.89
初中	6511	28.46	3086	33.25	3379	25.16
高中	1675	7.32	825	8.89	840	6.25
中专或职业学校	593	2.59	251	2.7	338	2.52
大专	417	1.82	221	2.38	193	1.44
大学以上	741	3.24	373	4.02	360	2.68
合计	22877	100	9282	100	13432	100

1.8　宗教信仰

1.8.1　宗教信仰分布

调查发现，西部地区农村无宗教信仰的居民占 69.56%，信仰藏传佛教的比例为 4.65%，信仰佛教的比例是 4.14%，信仰伊斯兰教的居民占 18.69%，信仰道教、基督教和天主教的居民相较更为小众。另外有少量居民有民间信仰，其占比为 1.32%，详见表 1 - 11。

表 1 - 11 　　　　　　　　　　　　　样本宗教信仰分布

宗教信仰	样本量	比例（%）
佛教	573	4.14
道教	85	0.61
伊斯兰教	2587	18.69
藏传佛教	644	4.65
基督教	120	0.87
天主教	22	0.16
无宗教信仰	9629	69.56
民间信仰	183	1.32
合计	13843	100

1.8.2　汉族与少数民族宗教信仰分布

进一步按民族细分，我们可以发现少数民族和汉族居民在宗教信仰上有显著区别。汉族居民中有7.95%信仰佛教，而仅有1.37%的少数民族信仰佛教。少数民族中，分别有32.07%和7.94%的居民信仰伊斯兰教和藏传佛教，而汉族居民中相应的只有0.41%和0.22%的居民信仰伊斯兰教和藏传佛教。调查还发现，汉族居民中88.17%的居民没有宗教信仰，而少数民族中有56.04%的居民没有宗教信仰。少数民族中有民间信仰的比例也显著大于汉族相应的比例。详见表1-12。

表1-12 　　　　　　　　　　汉族和少数民族宗教信仰情况

宗教信仰	汉族		少数民族	
	人数	比例（%）	人数	比例（%）
佛教	463	7.95	107	1.35
道教	63	1.08	22	0.28
伊斯兰教	24	0.41	2541	32.07
藏传佛教	13	0.22	629	7.94
基督教	64	1.10	55	0.69
天主教	14	0.24	7	0.09
无宗教信仰	5136	88.17	4439	56.02
民间信仰	48	0.82	124	1.56
合计	5825	100.00	7924	100.00

1.8.3　各省宗教信仰分布

调查结果显示，四川省居民具有民间信仰比例最高，为6.02%；陕西省居民信仰佛教的比例最高，为17.83%。此外，信仰伊斯兰教比例最大的三省区为青海、宁夏、新疆，比例分别为98.19%，72.39%，63.94%。详细情况见表1-13。

表1-13 　　　　　　　　　　各省宗教信仰的分布情况

地区	指标	佛教	道教	伊斯兰教	藏传佛教	基督教	天主教	无宗教信仰	民间信仰	合计
内蒙古	人数	23	2	4	4	30	4	924	1	992
	比例（%）	2.32	0.20	0.40	0.40	3.02	0.40	93.15	0.10	100
广西	人数	2	0	5	2	0	1	1060	14	1084
	比例（%）	0.18	0	0.46	0.18	0	0.09	97.79	1.29	100

地区	指标	佛教	道教	伊斯兰教	藏传佛教	基督教	天主教	无宗教信仰	民间信仰	合计
重庆	人数	4	0	1	1	1	0	992	0	999
	比例（%）	0.40	0	0.10	0.10	0.10	0	99.30	0	100
四川	人数	140	10	5	101	11	2	2074	150	2493
	比例（%）	5.62	0.40	0.20	4.05	0.44	0.08	83.19	6.02	100
贵州	人数	33	3	0	0	1	3	1507	11	1558
	比例（%）	2.12	0.19	0	0	0.06	0.19	96.73	0.71	100
云南	人数	0	0	0	0	56	2	985	0	1043
	比例（%）	0	0	0	0	5.37	0.19	94.44	0	100
西藏	人数	11	3	4	526	0	2	1	0	547
	比例（%）	2.01	0.55	0.73	96.16	0	0.37	0.18	0	100
陕西	人数	194	6	1	1	4	6	870	6	1088
	比例（%）	17.83	0.55	0.09	0.09	0.37	0.55	79.96	0.55	100
甘肃	人数	45	49	2	2	9	1	835	0	943
	比例（%）	4.77	5.20	0.21	0.21	0.95	0.11	88.55	0	100
青海	人数	13	5	1413	5	0	1	2	0	1439
	比例（%）	0.90	0.35	98.19	0.35	0	0.07	0.14	0	100
宁夏	人数	101	7	792	1	8	0	184	1	1094
	比例（%）	9.23	0.64	72.39	0.09	0.73	0	16.82	0.09	100
新疆	人数	7	0	360	1	0	0	195	0	563
	比例（%）	1.24	0	63.94	0.18	0	0	34.64	0	100

1.9 从事工作

调查显示，少数民族居民从事农业劳动的占比为 48.34%，大于汉族居民的 44.53%；汉族居民从事个体工商业的比例为 4.99%，大于少数民族居民从事个体工商业的比例 3.85%；汉族居民中专业技术人员的比例为 2.45%，大于少数民族居民的 1.90%。详见表 1 - 14。

表 1 - 14　　　　　　　汉族与少数民族从事工作对比

		汉族	少数民族	合计
机关或企事业单位管理者	人数	157	163	325
	比例（%）	1.94	1.54	1.73

		汉族	少数民族	合计
专业技术人员	人数	198	201	405
	比例（%）	2.45	1.9	2.16
一般办事人员	人数	117	123	240
	比例（%）	1.45	1.16	1.28
商业服务业员工	人数	206	237	448
	比例（%）	2.55	2.24	2.39
个体工商业	人数	403	407	813
	比例（%）	4.99	3.85	4.33
非农业户口的产业工人	人数	109	108	220
	比例（%）	1.35	1.02	1.17
非农劳动的农民	人数	1391	1658	3070
	比例（%）	17.21	15.68	16.35
农业劳动者	人数	3599	5111	8757
	比例（%）	44.53	48.34	46.64
学生	人数	752	1099	1861
	比例（%）	9.3	10.39	9.91
退休	人数	203	151	355
	比例（%）	2.51	1.43	1.89
无业或失业	人数	947	1316	2283
	比例（%）	11.72	12.45	12.16
合计		8082*	10574	18777

注：*样本8082与1.1的样本总量有差异，是由总样本去掉无效样本，即针对从事工作问题回答的样本总量获得。

第2章 农村居民健康状况与社会保障

2.1 基本健康状况

2.1.1 身高状况

调查发现，西部农村中成年男性的平均身高是 169.45cm；而成年女性的平均身高为 160.34cm，成年男性平均比成年女性高 9.11cm。陕西省农村成年男性最高，为 172.45cm；而成年女性最高的省份是新疆农村，为 162.69cm。此外，各省成年男女平均身高存在显著差异。其中，成年男女平均身高差异最大的省份为内蒙古，为 11.3cm；而差异最小的省份是贵州，差异为 7.2cm。详见表 2-1。

表 2-1　　　　　　　　各省（市、区）成人身高情况

省市/自治区	男性身高（cm）	女性身高（cm）
内蒙古	172.18	160.94
广西	167.20	158.53
重庆	165.84	158.35
四川	167.90	159.68
贵州	165.17	157.98
云南	166.58	157.99
西藏	168.90	161.37
陕西	172.45	161.53
甘肃	170.81	161.08
青海	172.17	162.28
宁夏	172.11	161.61
新疆	172.14	162.69
样本平均	169.45	160.34

成年男性平均身高位居前三的省份是陕西、青海和内蒙古、新疆和宁夏，分别为172.5cm、172.2cm和171.1cm；成年男性平均身高居后三位的为云南、重庆和贵州，分别为166.6cm、165.8cm和165.2cm；除此之外，广西、四川、西藏和甘肃的成年男性平均身高分别为167.2cm、167.9cm、168.9cm和170.8cm。而成年女性平均身高位居前三位的分别为新疆、青海和宁夏，其平均身高分别为162.7cm、162.3cm和161.6cm；成年女性平均身高相对较低的省份则为重庆市、贵州省和云南省，其平均身高分别为158.4cm、158.0cm和158.0cm，均小于160cm。

调查发现，老年人[1]身高和成人身高间存在着一定差异。各省受访老人的平均身高普遍低于成人的平均身高。在老年男性中，平均身高大于170cm的省份仅有青海省，其平均身高为171.0cm；而在老年女性中，仅有陕西省和青海省平均身高高于160cm，其平均身高分别为160.0cm、160.6cm。具体情况见图2－1。

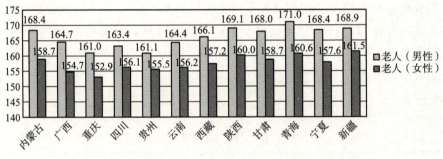

图2－1 西部十二省（市、区）老年人身高均值情况

调查发现儿童的身高在各省有明显不同，男孩与女孩也有较大差异。本报告使用标准化的身高来衡量西部儿童的身高[2]。青海的男孩偏离标准身高的程

---

[1] 报告将老年人界定为男性60岁以上，女性55岁以上。

[2] 因为儿童仍处于成长的过程中，他们的身高与体重不同于成人的身高，是不可直接比较的。因此，调查组使用基于疾病预防中心（Center for Disease Control and prevention，CDC）2000年的成长参照标准将儿童的身高进行标准化，得到年龄别身高（HAZ）。CDC的参照标准是疾病防控中心2000年根据美国1963～1994年5个国家级调查数据以及从出生证明和医疗记录收集的补充出生数据而制定的参考标准。疾病预防中心（CDC）建议对于两岁以下的儿童使用WHO的参照标准，对两岁以上的儿童使用CDC的参照标准（http://www.cdc.gov/growthcharts/）。

度最大，其次是贵州。青海的男孩低于标准身高 1.13 个标准差 （HAZ =
-1.13），贵州的男孩低于标准身高 1.12 个标准差；同时，我们也注意到甘肃
的女孩偏离标准身高的程度最大，其次是青海。甘肃的女孩低于标准身高
1.19 个标准差，青海的女孩低于 1.18 个标准差。调查发现青海省农村的儿童
身高相对来说在十二省市区中是最低的。

　　通过在同一省区内比较不同性别的儿童的身高，调查还发现，广西、贵州、
西藏、陕西、甘肃、新疆的男孩与女孩在身高上存在显著差异。从表 2 - 2 中，
可以看出广西、贵州、西藏、新疆的女孩低于标准身高的程度小于相应省的男孩
低于标准身高的程度。而且女孩的身高唯一超过标准身高的省份是新疆。然而，
甘肃省女孩的低于标准身高的程度却大于该省男孩低于标准身高的程度。

表 2 - 2　　　　　　　　　　18 岁以下儿童的年龄别身高状况

省市/自治区	男孩	女孩
内蒙古	- 0.4004	- 0.6440
广西	- 0.6013	- 0.2067 *
重庆	- 0.8590	- 0.8522
四川	- 0.8474	- 0.7106
贵州	- 1.1189	- 0.7266 **
云南	- 0.5768	- 0.7113
西藏	- 0.7700	- 0.0667 **
陕西	0.0034	- 0.4785 **
甘肃	- 0.8813	- 1.1942 *
青海	- 1.1334	- 1.1817
宁夏	- 0.9161	- 0.7300
新疆	- 0.0101	0.5292 *
样本平均	- 0.7666	- 0.6864

注：*** 、 ** 、 * 分别表示 T 检验的显著性水平 1% 、5% 、10% 。

　　调查发现，儿童的身高在汉族与少数民族间也存在差异。从图 2 - 2 中可
以看出，在 0 个标准差左边，少数民族儿童的身高低于标准身高的密度小于汉
族儿童低于标准身高的密度；在 0 个标准差右边，少数民族儿童的身高高于标
准身高的密度大于汉族儿童高于标准身高的密度。这两个现象均说明，少数民
族儿童的身高大于汉族儿童的身高。

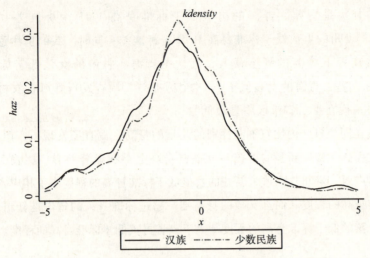

图 2 - 2　18 岁以下儿童的民族年龄别身高状况：密度图

2.1.2　男女体重差异比较

调查显示，西部农村男女体重均值存在显著的差异。其中，成年男女体重均值差异最大的省份为陕西省，其男女体重均值水平相差 10.9kg；而体重均值差异最小的省份为四川省，其成年男女体重均值水平相差 7.8kg。而在老人中，男女体重均值差异最大的省份为青海省，差异为 11.6kg；体重均值水平差异最小可达 5.06kg。

成年男性受访样本中，青海省 69.2kg 的平均体重位居首位；广西壮族自治区 59.7kg 的平均体重位居末位。而成年女性受访样本中，陕西省 57.5kg 的平均体重位居首位；广西壮族自治区 49.9kg 的平均体重位居末位。详情见图 2 - 3。

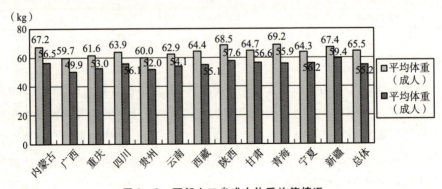

图 2 - 3　西部十二省成人体重均值情况

调查结果显示，分省的男性老人体重均值水平存在显著差异，而女性老人的地区差异相对较小。其中，男性老人平均体重最重的省份为新疆，其平均体重为 67.4kg；女性老人平均体重最重的省份同样为新疆，其平均体重为 60.7kg；而男性老人平均体重最轻的省份为云南，其平均体重为 54.2kg；女性老人平均体重最轻的省份则为广西，其平均体重为 46.2kg。如图 2－4 所示。

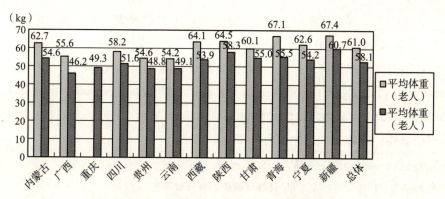

图 2－4　西部十二省老年人体重均值情况

调查发现，儿童的体重在汉族与少数民族之间也存在差异①。从图 2－5 中可

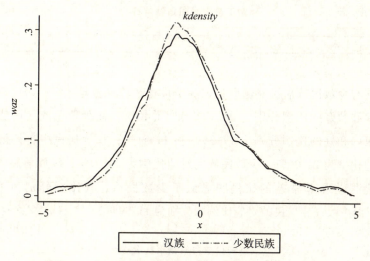

图 2－5　18 岁以下儿童的民族年龄别体重状况：密度图

---

①　与使用标准化的身高来衡量儿童身高一样，本报告使用标准化的体重来衡量儿童的体重。

以看出，在 0 个标准差左边，少数民族儿童的体重低于标准体重的密度小于汉族儿童低于标准体重的密度；在 0 个标准差右边，少数民族儿童的体重高于标准体重的密度大于汉族儿童高于标准体重的密度。这两个现象均说明，少数民族儿童的体重大于汉族儿童的体重。

2.1.3　健康状况的自我感知情况

在 23172 个调查样本中，有 22573 人提供了自身健康状况的相关信息。由表 2 - 3 居民身体健康状况自我评价可知，提供信息的受访者中，有 4267 人认为自己的身体状况很好，占总样本的 18.90%；认为自己身体状况好的人共有 10126 人，占比 44.86%；5174 人认为自己的身体健康状况一般，占总样本的 22.92%；2588 人认为自己的身体健康状况差，占 11.47%；仅有 418 人认为自己的身体健康很差，其比率为 1.85%。

表 2 - 3　　　　　　　　　居民身体健康状况自我评价

健康状况	人数（人）	比例（%）
很好	4267	18.90
好	10126	44.86
一般	5174	22.92
差	2588	11.47
很差	418	1.85
总体	22573	100

汉族与少数民族居民对健康自评的结果存在较大差异。汉族居民健康状况自评为很好和好的比例分别为 21.17% 和 44.40%，而少数民族居民健康状况自评为很好和好的比例分别为 17.35% 和 44.51%；汉族居民中自评健康状况为一般的比例为 21.25%，少数民族的对应比例为 24.02%；汉族居民中健康状况自评为很差和非常差的比例明显低于少数民族，其比例分别为 10.78%、1.40%，而少数民族居民的对应比例则分别为 11.99%、2.13%。详见表 2 - 4。

表 2 - 4　　　　　　　　　汉族和少数民族健康状况对比

健康状况	汉族		少数民族	
	人数	比例（%）	人数	比例（%）
很好	1933	21.17	2310	17.35

健康状况	汉族		少数民族	
	人数	比例（%）	人数	比例（%）
好	4146	44.40	5925	44.51
一般	1941	21.25	3197	24.02
很差	984	10.78	1596	11.99
非常差	128	1.40	284	2.13
总计	9132	100.00	13312	100.00

　　受访居民的健康自评结果在各省也有不同。如表 2 - 5 所示，各地区的健康状况都集中于好和一般。自评健康状况为很好比例最高的省份为甘肃省，其比例为 33.28%；其次为西藏自治区的 33.28% 和四川省的 21.07%；比例最低的为新疆维吾尔自治区和云南省，分别为 9.43%、8.87%。自评健康状况为好占比最高的省份是新疆维族尔自治区，为 63.84%；贵州省的比例为 60.57%，也属于较高的前列；比例较低的三个省份分别为云南省、甘肃省和宁夏回族自治区，所占比例分别为 29.51%、37.13% 和 37.85%。自评健康状况为一般占比最高的省份为云南省，比例达 35.79%；紧随其后的为广西壮族自治区 28.84%、青海省 26.65%、内蒙古自治区 24.29%；比例最低的省份为新疆维吾尔自治区，为 15.93%。自评健康状况为很差占比最高的为云南省，比例达 21.39%；其次为宁夏回族自治区和重庆市，比例分别为 16.81% 和 14.31%；比例较低的省份分别为广西壮族自治区、贵州省和陕西省，其比例分别为 8.21%、5.79% 和 5.55%。自评健康状况为非常差的情况在各省的比例都较低，均低于 5%；其中，相对较高的为宁夏回族自治区 4.84%；比例最低的为西藏自治区 0.21%。

表 2 - 5　　　　　　　　　各省（市、区）健康状况对比　　　　　　　　单位：%

省（市、区）	很好	好	一般	很差	非常差
内蒙古	19.38	44.64	24.29	11.34	0.36
广西	13.32	48.85	28.84	8.21	0.79
重庆	17.64	41.65	23.60	14.31	2.80
四川	21.07	43.46	21.53	12.48	1.47
贵州	15.61	60.57	17.57	5.79	0.47
云南	8.87	29.51	35.79	21.39	4.44

省（市、区）	很好	好	一般	很差	非常差
西藏	29.57	48.97	18.17	3.08	0.21
陕西	19.88	52.54	21.79	5.55	0.24
甘肃	33.28	37.13	16.86	10.87	1.85
青海	16.23	44.56	26.65	10.38	2.19
宁夏	19.65	37.85	20.85	16.81	4.84
新疆	9.43	63.84	15.93	10.27	0.52

2.1.4 平均医疗花费情况

调查结果显示，全部样本的平均医疗花费水平为2120.61元，但各地区间存在着显著差异。平均医疗花费最高的前三名分别为宁夏、青海和内蒙古，平均医疗花费分别为3844.19元、3381.31元、2377.76元；甘肃、广西、贵州的平均医疗花费则分别为1991.70元、1616.88元、1463.45元，相对较低；而平均医疗花费最低的省份为西藏，其平均医疗花费为403.96元。详见表2-6。

表2-6　　　　　　　　不同省（市、区）的平均医疗花费

省（市、区）	平均医疗花费（元）	标准差
内蒙古	2377.76	7446.23
广西	1616.88	7714.50
重庆	2166.16	7407.92
四川	2271.80	7358.19
贵州	1463.45	6917.19
云南	2321.44	5956.96
西藏	403.96	1241.33
陕西	1281.42	5825.69
甘肃	1991.70	9920.34
青海	3381.31	18993.16
宁夏	3844.19	12662.80
新疆	2327.22	11198.36
总计	2120.61	8553.56

不同民族受访居民用于医疗的平均花费同样存在着显著差异。少数民族居民中，平均医疗花费最多的为回族，为2943.26元；维吾尔族、羌族的平均医

疗花费次之，分别为 2496.29 元、2597.93 元；而花费相对较少的民族则为布依族、苗族和藏族、其平均医疗花费分别为 1134.41 元、1190.54 元和 932.78元。详见表 2 - 7。

表 2 - 7　　　　　　　　　　各少数民族的平均医疗花费

民族	平均医疗花费（元）	标准差
汉族	1904.05	7797.14
布依族	1134.41	4204.72
回族	2943.26	13255.07
蒙古族	2021.38	4538.56
苗族	1190.54	3299.83
羌族	2597.93	10308.85
土家族	2154.95	7389.18
维吾尔族	2496.29	12617.44
彝族	2189.69	6520.73
壮族	1640.78	7805.25
藏族	932.78	4477.77

不同健康状况的受访者医疗花费也存在明显的差异。自评身体健康状况很好的受访者，其医疗花费较少，平均每年为 790.77 元；自评身体健康状况为好、一般和差的三类受访者的平均医疗花费则分别为 901.99 元，2670.49 元和 6860.65 元；而自评身体健康状况很差的受访者，其医疗花费高达 13323.51 元。

基于健康自评结果不同的汉族和少数民族受访者的医疗支出也存在显著差异。其中，自评健康状况为很好、好、差、很差的汉族受访者的平均医疗花费均低于少数民族受访者的平均医疗花费，汉族受访者在这四种健康状况下平均医疗花费分别为 651.52 元、810.16 元、6028.16 元、12790.15 元，而少数民族受访者在这四种健康状况下的平均医疗花费分别为 912.97 元、966.46 元、7356.42 元、13772.16 元；而当身体健康状况为一般时，汉族受访者的平均医疗花费为 2954.02 元，少数民族受访者的平均医疗花费为 2670.49元。见表 2 - 8。

表 2-8 　　　　　　　　　　　不同健康状况下的医疗花费　　　　　　　　　　单位：元

身体健康状况	汉族		少数民族		总计	
	均值	标准差	均值	标准差	均值	标准差
很好	651.52	4200.40	912.97	13631.54	790.77	10444.82
好	810.16	3371.28	966.46	4702.17	901.99	4205.33
一般	2954.02	7629.47	2513.12	7426.66	2670.49	7487.92
差	6028.16	14462.63	7356.42	18545.46	6860.65	17127.39
很差	12790.15	28269.24	13772.16	25955.17	13323.51	26458.90

2.1.5　生病——照料情况

从儿童、妇女、老人三类人群来看，陪同就医情况有所不同。

儿童生病主要由父母陪同就医占儿童就医总体的80.31%；儿童生病时由隔代长辈陪同就医的占8.59%；而自己就医、邻居陪同就医或其他亲人陪同就医，分别占总体的7.80%、0.46%、0.41%。除此之外，调查结果显示，有2.43%的儿童生病后选择不就医。

女性生病主要由丈夫陪同就医，其比例为48.66%；也有女性选择自行就医，其比例为42.01%；其他亲人陪同就医的比例为3.30%；而邻居陪同就医或其他人陪同就医的比例分别为1.18%、0.98%。除此之外，调查结果显示，有3.87%的妇女生病后选择不就医。

老人生病主要由子女陪同就医，其比例为51.65%；自行就医占总比例的35.30%；孙子女陪同就医的比例为3.63%；邻居陪同就医的比例为3.63%。除此之外，有3.96%的老人生病后选择不就医。如表2-9所示。

表 2-9 　　　　　　　　　　　不同人群就医的陪同方式

就医方式	儿童		妇女		老人	
	人数（人）	比例（%）	人数（人）	比例（%）	人数（人）	比例（%）
不就医	101	2.43	282	3.87	122	3.96
自行就医	324	7.80	3059	42.01	1088	35.30
父母（丈夫、子女）陪同就医	3336	80.31	3543	48.66	1592	51.65
爷爷奶奶（其他亲人、孙子女）陪同就医	357	8.59	240	3.30	112	3.63

就医方式	儿童		妇女		老人	
	人数（人）	比例（%）	人数（人）	比例（%）	人数（人）	比例（%）
邻居（其他亲人）陪同就医	19	0.46	86	1.18	112	3.63
其他	17	0.41	71	0.98	56	1.82
总体	4154	100	7281	100	3082	100

2.2　新型农村合作医疗保险

2.2.1　医疗保险普及率

被调查的 21641 人中，有 21279 人提供了新型农村合作医疗保险的相关信息。提供新型农村合作医疗保险信息的 21279 个样本中，有 1197 人没有参加医疗保险，其余 20082 人均参加了医疗保险。调查结果显示，新型农村合作医疗保险普及率高达 94.37%，但新型农村合作医疗保险普及率在各地区有较显著的差异。除西藏自治区的医疗普及率为 87.3% 外，其余各省均高达 90% 以上。图 2-6 为各省份的医疗保险普及率情况。

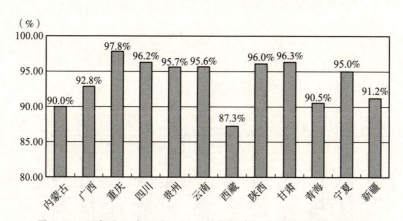

图 2-6　西部十二省（市、区）的新型农村合作医疗保险普及率

表 2-10 显示各地区汉族与少数民族之间医疗保险参保率存在差异。除西藏自治区、甘肃省、贵州省和云南省外，其余省份汉族居民医疗保险参保率都比同省少数民族居民高。调查显示，甘肃省少数民族居民的医疗保险参保率可

达到 100%；而少数民族居民的医疗保险参保率最低为西藏自治区，仅为 87.25%。汉族居民医疗保险参保率最高为青海省，达到 100%；而汉族居民医疗保险参保率最低的内蒙古自治区仅为 90.35%；其余各省居民的医疗保险参保率都达 92% 以上。

表 2-10　　　　　　　各省市区汉族与少数民族医疗保险参保率　　　　单位（%）

省（市区）	少数民族	汉族
内蒙古	86.79	90.35
广西	92.68	95.65
重庆	97.89	97.44
四川	95.92	96.79
贵州	97.03	94.58
云南	96.36	92.90
西藏	87.25	—
陕西	80.00	96.15
甘肃	100.00	96.28
青海	90.68	100.00
宁夏	93.68	97.52
新疆	88.43	97.02

2.2.2　医疗保险缴费年限

调查发现，各地区居民参与医疗保险的平均年限有限。其中，最高的西藏自治区居民参与医疗保险的平均年限为 6.86 年；最低的重庆市的居民参与医疗保险的平均年限为 4.62 年。详见图 2-7。

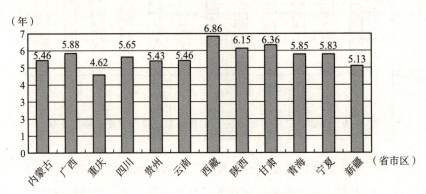

图 2-7　西部十二省（市、区）医疗保险平均缴纳年限

　　各民族新型农村合作医疗保险参与年限略有差异。如表 2 - 11 所示，少数民族中，藏族居民参与新型农村合作医疗保险的平均缴纳年限最高，为 6.72年；其次为蒙古族，平均缴纳年限为 6.08 年；汉族居民参与新型农村合作医疗保险的平均缴纳年限为 5.85 年；布依族、回族的平均年限分别为 5.26 和5.79 年；缴纳年限最低的民族为土家族，仅为 4.62 年。

表 2 - 11　　　　　　　　各少数民族医疗保险平均缴纳年限

民族	平均参保年限（年）
汉族	5.85
布依族	5.26
回族	5.79
蒙古族	6.08
苗族	5.29
羌族	5.60
土家族	4.62
维吾尔族	5.10
彝族	5.55
壮族	5.91
藏族	6.72

2.2.3　医疗保险缴费情况

　　调查发现，各地的新型农村合作医疗保险缴费金额存在显著差异。其中最低为西藏自治区，缴纳金额的平均值为 20.55 元/年；而新疆最高，平均缴纳金额为 89.28 元/年。具体如表 2 - 8 所示。

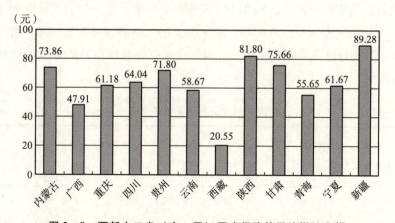

图 2 - 8　西部十二省（市、区）医疗保险的平均缴纳金额

2.2.4　未参加医疗保险的原因

　　如表 2－12 所示，在没有参加农村合作医疗保险的 1287 个受访者中，有 64 人没有给出未参加医疗保险的原因，1223 个受访者明确给出未参加医疗保险的原因。其中，67.29% 的受访者表示因为在外打工，没有接到通知等原因未能参加医疗保险；11.04% 的受访者表示由于缴费率过高而没有参加医疗保险；认为不需要医疗保险而没有参加医疗保险的受访者比重为 10.47%；认为报销的限制条件太多而未参加医疗保险的受访者占比 6.79%；其他受访者未参加医疗保险的原因是缴费年限太长、报销额度太低、信不过保险机构等。

表 2－12　　　　　　　　　　未参加新型农村合作医疗保险的原因

原因	人数（人）	比例（%）
缴费率过高	135	11.04
缴费年限太长	36	2.94
报销额度太低	13	1.06
不需要医疗保险	128	10.47
报销的限制条件太多	83	6.79
信不过保险机构	5	0.41
其他	823	67.29

2.3　养老保险

2.3.1　养老保险普及率

　　被调查的 23172 人中，有 21484 人提供了相关信息。如表 2－13 所示，在受访者中，参加养老保险和未参加养老保险的比例相差并不大。参加养老保险的受访者有 10035 人，占总体样本的 46.71%；未参加养老保险的有 11452 人，占比 53.29%。

表 2－13　　　　　　　　　　新型农村社会养老保险的普及率

类别	人数（人）	比例（%）
参加了养老保险	10035	46.71
没有参加养老保险	11452	53.29
总体	21487	100.00

　　在调查中，贵州省的养老保险参保率最高，为 73.79%；其次是陕西省、

甘肃省和西藏自治区，参保率分别为 63.56%、64.13% 和 60.70%；而养老保险参保率最低的是内蒙古自治区，仅为 38.48%。见表 2 – 14。

表 2 – 14　　　　　　　　　不同省（市、区）养老保险参保率

省、市、区	养老保险参保率（%）
内蒙古	38.48
广西	50.85
重庆	52.67
四川	44.30
贵州	73.79
云南	55.81
西藏	60.70
陕西	63.56
甘肃	64.13
青海	53.20
宁夏	45.95
新疆	40.12

2.3.2　养老保险缴纳方式

从各省统计结果看，各地区受访者均以年缴方式作为缴纳新型农村社会养老保险的主要方式，除新疆维吾尔自治区、四川省和宁夏回族自治区的趸交方式占比相对较高外，其余省份以年缴作为主要方式的比例都超过 90%。新疆维吾尔自治区、四川省、宁夏回族自治区的年缴比例分别为 71.8%、81.2%、86.9%，其趸交比例分别为 28.2%、18.8%、13.2%。相对来说，贵州省、陕西省、西藏自治区的趸交比例较低，分别为 0.4%、0.3%、0.7%。如图 2 – 9 所示。

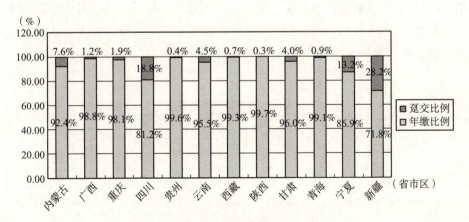

图 2 – 9　各地区养老保险缴纳方式对比

2.3.3 养老保险每月领取情况

由图 2 − 10 可知，四川省和新疆维吾尔自治区农村居民每月养老金领取金额平均值分别为 461.5 元和 390.8 元，远超过其他省份；青海省以每月平均领取 191.9 元养老金的水平位列第三；领取金额最低的省份为广西壮族自治区和云南省，其每月领取的平均金额分别为 81.8 元和 73.2 元，均低于 100 元。

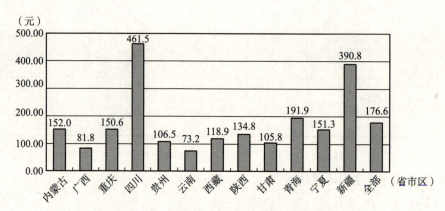

图 2 − 10　西部地区养老保险每月领取金额

2.3.4 未参加养老保险的原因

由表 2 − 15 可知，未参加新型农村社会养老保险的人群中，只有 46.37% 的人明确指出未参加养老保险的原因。认为不需要养老保险的比例占 21.10%；由于缴费率过高未参加养老保险的有 11.40%；由于缴费年限太长未参加养老保险的占比 8.30%；由于报销额度太低、领取限制条件太多和信不过养老机构未参加养老保险的，分别占比 0.34%、4.64%、0.59%。

表 2 − 15　　　　　　　　　未参加养老保险的原因

原因	人数（人）	比例（%）
缴费率过高	1064	11.40
缴费年限太长	775	8.30
报销额度太低	32	0.34
不需要养老保险	1969	21.10

续表

原因	人数（人）	比例（%）
领取的限制条件太多	433	4.64
信不过保险机构	55	0.59
其他	5005	53.63

2.4 农村最低生活保障

2.4.1 受访低保户比例

样本中共有 6756 户家庭提供了农村最低生活保障方面的相关信息。其中，低保户总户数为 999 户，占比为 14.8%；非低保户户数为 5744 户，占比例为 85.0%。除此之外，12 个家庭没有回答是否为低保户，其比例仅为 0.2%。如表 2-16 所示。

表 2-16　　　　　　　　　最低生活保障基本情况

低保情况	样本（户）	比例（%）
低保户	5744	85.0
非低保户	999	14.8
没有回答	12	0.2
总计	6756	100

根据图 2-11，从不同地区来看，受访者中低保户比例最高的省份为云南省，其比例为 35.2%；宁夏回族自治区和新疆维吾尔自治区的低保户比例相对较高，分别为 24.4% 和 25.1%；广西壮族自治区和重庆市的低保户比例较低，分别为 5.5% 和 4.7%；贵州省的低保户比例最低，受访者中低保户比例仅为 4.1%。

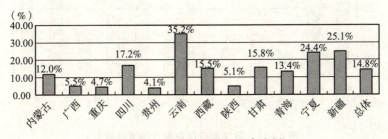

图 2-11　西部地区的低保户比例

2.4.2 低保户每月领取金额

从金额上来看，各省份低保户每月领取的低保金额均值存在显著差异。低保户每月领取金额最高的为内蒙古自治区，平均为 358.6 元；而贵州省低保户每月领取低保金额的平均水平最低，为 92.7 元；广西、西藏、陕西三省每月领取的低保金均值较为接近，分别为 251.8、278.0 元和 241.0 元。如图 2 - 12 所示。

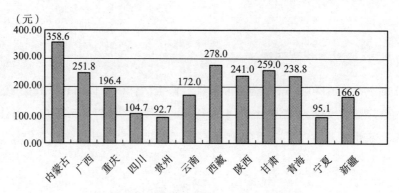

图 2 - 12 西部地区领取低保金的情况

调查结果显示，壮族、藏族和白族的低保户每月领取的低保金均值最高，分别为 259.0 元、248.0 元和 200.0 元；汉族低保户的平均领取金额为 215.9 元；土家族、维吾尔族每月领取的低保金为 196.4 元、178.9 元；羌族每月领取的低保金则为 109.6 元；而回族、蒙古族、苗族、彝族四个民族每月领取的低保金较低，分别为 106.1 元、83.0 元、90.7 元和 111.7 元；最低的为布依族，其领取金额为 44.3 元。如图 2 - 13 所示。

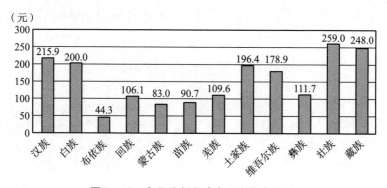

图 2 - 13 各民族低保户每月领取低保金

2.4.3　低保认定的公平性评价

调查结果显示各省份的公平性认可度存在差异。如图 2 - 14 所示，西藏低保户有最高的公平性认可度，为 69.73%；新疆的公平性认可度为 62.45%；最低的三个地区是内蒙古、青海和重庆，其公平性认可度分别为 24.20%、27.87% 和 31.22%。

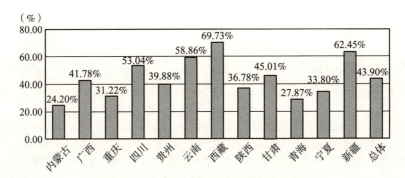

图 2 - 14　低保户认定的公平性评价情况

第3章 老人与儿童

3.1 老人部分

3.1.1 老人留守情况

样本中老人共3927位，其中53.12%的老人是非留守老人，即有子女在家照顾；而其他的46.88%则是留守老人。[①]如表3-1所示。

表3-1 西部十二省（市、区）老人留守情况

	人数（人）	比例（%）
非留守老人	2086	53.12
留守老人	1841	46.88
合计	3927	100

各省市区的留守老人比例存在显著差异。内蒙古和宁夏的留守老人比例分别是80.93%和77.42%；而云南和西藏的留守老人比例最低，分别为6.38%和10.00%。详见表3-2。

表3-2 不同省份留守老人情况

省（市、区）	老人总数（人）	留守人数（人）	留守比例（%）
内蒙古	367	297	80.93
广西	285	149	52.28

---

① 本报告将留守老人定义为老人所有子女均在外务工，且外出时间超过半年。

省（市、区）	老人总数（人）	留守人数（人）	留守比例（%）
重庆	425	232	54.59
四川	663	287	43.29
贵州	215	77	35.81
云南	345	22	6.38
西藏	100	10	10.00
陕西	404	202	50.00
甘肃	394	143	36.29
青海	276	111	40.22
宁夏	310	240	77.42
新疆	143	71	49.65
总计	3927	1841	

从民族看，汉族老人的留守比例为 51.68%；少数民族老人留守老人比例为 42.35%。详见表 3 – 3。

表 3 – 3   **不同民族留守老人情况**

民族	老人人数（人）	留守人数（人）	留守比例（%）
汉族	1908	986	51.68
少数民族	2019	855	42.35
总和	3927	1841	100.00

3.1.2 老人的收入来源

由表 3 – 4 可知，老人的生活主要来源于三个部分：子女或孙子女供给、退休金或养老金和自己的劳动收入。非留守老人与留守老人收入来源是相同的，但组成比例却有所不同。在留守老人中，有 54.13% 的老人收入来自于子女与孙子女供给，45.45% 的老人收入来自于退休金或养老金，48.63% 的老人收入来自于自己的劳动收入；在非留守老人中，有 63.67% 的老人收入来自于子女或孙子女资助，43.61% 的老人收入来自于退休金或养老金，41.14% 中的老人收入来自于自己的劳动收入。

表 3 - 4　　　　　　　　　　留守与非留守老人的收入方式　　　　　　　单位：%

收入方式	非留守老人	留守老人
子女或者孙子女资助	63.67	54.13
退休金或养老金	43.61	45.45
自己的劳动收入	41.14	48.63
配偶给予	2.73	3.25
积蓄	3.02	1.93
政府救助	10.00	10.58
社会救助	10.19	1.43
其他	1.76	1.54

由表 3 - 5 可知，无论是汉族还是少数民族的老人，其收入都主要来自于子女与孙子女资助、退休金养老保险和自己的劳动收入。在汉族老人中有 57.65% 的老人收入来自于子女与孙子女资助，44.10% 的老人收入来自于退休金和养老保险，44.36% 的老人收入来自于自己的劳动收入；而在少数民族中，有 60.23% 的老人的收入来自于子女与孙子女的资助，44.66% 的老人的收入来自于退休金和养老保险，44.85% 的老人的收入来自于自己的劳动。

表 3 - 5　　　　　　　　　　不同民族老人的收入方式　　　　　　　　单位：%

收入方式	汉族老人	少数民族老人
子女或孙子女资助	57.65	60.23
退休金或养老金	44.10	44.66
自己的劳动收入	44.36	44.85
配偶给予	2.33	3.61
积蓄	1.53	3.42
政府救助	9.10	11.80
社会救助	0.79	2.46
其他	1.32	3.42

3.1.3　老人的日常开销

调查发现，老人在日常的衣食住行中开销最大，占比 57.90%，说明老人把大部分钱都用在衣食住行上面，生活并不是很富裕。除此之外，看病吃药的开销次之，占比为 36.59%。详见表 3 - 6。

表 3 – 6　　　　　　　　　　　　　农村老人日常开支

开支项目	人数（人）	比例（%）
衣食住行	2258	57.90
看病吃药	1427	36.59
孙子女教育	52	1.33
人情支出	85	2.18
其他	78	2.00
总和	3900	100

由表 3 – 7 可知，留守老人与非留守老人的开支比例存在差异。其中，留守老人的衣食住行等日常开支的比例为 63.05%，大于非留守老人的 53.36%；留守老人经济开支中用于支付孙子女教育的比例高出非留守老人相应比例 0.72 个百分点；留守老人经济开支中用于人情支出的比例高出非留守老人相应比例 0.54 个百分点。除此之外，非留守老人在看病吃药和其他支出方面高于留守老人。

表 3 – 7　　　　　　　　留守与非留守老人经济开支　　　　　　　　单位：%

开支项目	非留守老人	留守老人
衣食住行等日常开支	53.36	63.05
看病吃药	41.58	30.95
孙子女教育	0.97	1.69
人情支出	1.95	2.46
其他	2.14	1.86

3.1.4　老人娱乐方式

由表 3 – 8 可知，老人最主要的娱乐方式是看电视及与邻里聊天。在留守老人中，选择看电视作为主要娱乐方式的老人占比 49.78%，选择与邻里聊天作为主要娱乐方式的老人占比 32.26%，选择打麻将和棋牌的老人占 3.01%，选择跳舞的老人占 2.35%，选择其他方式娱乐的老人占 13.60%；在非留守老人中，选择看电视作为主要娱乐方式的老人占 46.38%，选择与邻里聊天作为主要娱乐方式的老人占 27.98%，选择打麻将和棋牌的老人占 2.73%，选择跳舞的老人占 1.56%，而选择其他方式娱乐的老人占 21.41%。

表 3 - 8   老人娱乐方式   单位：%

娱乐方式	非留守老人	留守老人
看电视	46.38	49.78
和邻居聊天	27.98	32.26
打麻将、棋牌	2.73	3.01
跳舞等户外活动	1.56	2.35
其他	21.41	13.60

3.1.5　日常照料方式

根据表 3 - 9，调查发现老人的日常生活大多数是由配偶和子女照顾。但留守老人与非留守老人的日常照料方式存在较大差异。留守老人由配偶照顾的占比 63.43%，由子女照顾的老人占 19.71%，无人照料的老人占 14.72%；而非留守老人由配偶照顾的占 35.84%，由子女照顾的为 53.28%，无人照顾的老人占 8.84%。

表 3 - 9   老人日常照理方式   单位：%

照理方式	非留守老人	留守老人
配偶	35.84	63.43
子女与媳妇	53.28	19.71
孙子女	0.97	0.99
其他亲戚	0.58	0.60
朋友亲戚	0.19	0.49
社会服务	0.15	0.00
无人照料	8.84	14.72
拒绝回答	0.15	0.05

根据表 3 - 10，在老人的居住安排方面，调查发现与老人的共同居住人主要是子女、孙子女以及老伴。但是在留守老人与非留守老人中，老人的居住问题是很大的。在留守老人中，与子女同住的老人占 35.23%，仅与孙子女同住的占 10.94%，仅老夫妻同住，但子女很近的老人占 14.72%，仅老夫妻同住，但子女很远的老人占 31.56%，独居的老人占 7.49%，在养老院和福利院的老人占 0.05%。在非留守老人中，与子女居住的老人占 72.08%，仅与孙子女居住

的老人占 3.59％，仅老夫妻同住，但子女很近的老人占 12.65％，仅老夫妻同住，但子女很远的老人占 7.08％，独居的老人占 4.51％，在养老院或福利院的老人占 0.01％。

表 3 – 10　　　　　　　　　　老人的居住方式　　　　　　　　单位：%

居住方式	非留守老人	留守老人
与子女居住	72.08	35.23
仅与孙子女居住	3.59	10.94
仅老夫妻居住，但子女很近	12.65	14.72
仅老夫妻居住，但子女很远	7.08	31.56
独居	4.51	7.49
养老院或福利院	0.10	0.05

由表 3 – 11 可知，汉族老人主要是跟子女或老夫妻共同居住。在汉族老人中，与子女同住的老人占 54.82％，仅与孙子女同住的老人占 4.43％，仅老夫妻同住，但子女很近的老人占 12.28％，仅老夫妻同住，但子女很远的老人占 21.72％，独居的老人占 6.64％，在养老院或福利院的老人占 0.11％；在少数民族中，与子女同住的老人占 54.43％，仅与孙子女同住的老人占 9.46％，仅老夫妻同住，但子女很近的老人占 14.99％，仅老夫妻同住，但子女很远的占 15.49％，独居的老人占 5.58％，养老院或福利院的老人占 0.05％。

表 3 – 11　　　　　　汉族与少数民族老人居住方式对比　　　　　单位：%

居住方式	汉族老人	少数民族老人
与子女同住	54.82	54.43
仅与孙子女同住	4.43	9.46
仅老夫妻同住，但子女很近	12.28	14.99
仅老夫妻同住，子女很远	21.72	15.49
独居	6.64	5.58
养老院或福利院	0.11	0.05

由表 3 – 12 可知，汉族与少数民族老人日常生活中主要由配偶、子女照料，又或无人照料。汉族老人由配偶照顾的比例为 49.26％，由子女、儿媳或者女婿照顾的比例为 37.30％，由孙子女照顾的比例为 0.47％，由其他亲戚照

顾的比例为 0.74%，由朋友邻里照顾的比例为 0.53%，由社会服务机构照顾的比例为 0.11%，无人照料的比例为 11.49%，而拒绝回答的老人占比 0.11%。少数民族老人由配偶照顾的比例为 48.32%，由子女、儿媳或者女婿照顾的比例为 37.52%，由孙子女照顾的比例为 1.45%，由其他亲戚照顾的比例为 0.50%，由朋友邻里照顾的比例为 0.15%，由社会服务机构照顾的比例为 0.05%，无人照料的老人占 11.91%，而拒绝回答的占 0.10%。

表 3 - 12　　　　　汉族与少数民族老人受到日常照料的情况　　　　　单位：%

	汉族	少数民族
配偶	49.26	48.32
子女儿媳与女婿	37.30	37.52
孙子女	0.47	1.45
其他亲戚	0.74	0.50
朋友邻里	0.53	0.15
社会服务	0.11	0.05
无人照料	11.49	11.91
拒绝回答	0.11	0.10

3.1.6　老人体质健康情况

调查表明，非留守老人中需要钱或物的老人占 56.59%，留守老人中需要钱的老人占 62.03%。详见表 3 - 13。

表 3 - 13　　　　　留守与非留守老人的需求状况　　　　　单位：%

	非留守老人	留守老人
钱或物	56.59	62.03
生活上的照料	15.14	9.45
精神上的安慰	6.74	7.14
都不需要	15.88	18.02
其他	5.36	3.30
拒绝回答	0.29	0.05

3.2　儿童部分

3.2.1　农村儿童留守情况

调查发现，西部农村儿童留守情况在青海、宁夏一带较为严重。宁夏的留守儿童人数为 382 人，留守比率为 18.74%；青海的留守儿童人数为 363 人，留守率为 18.13%；云南的留守儿童人数为 45 人，留守率为 2.23%。详情如表 3 - 14 所示。

表 3 - 14　　　　　　　　　　西部地区儿童留守情况

省份	留守儿童（人）	留守率（%）
内蒙古	64	5.69
广西	131	7.21
重庆	186	10.80
四川	276	6.06
贵州	83	3.92
云南	45	2.23
西藏	36	3.64
陕西	155	8.90
甘肃	155	7.45
青海	363	18.13
宁夏	382	18.74
新疆	69	7.07

调查发现，少数民族与汉族儿童的留守情况差异较大。其中，汉族留守儿童人数为 605 人，留守率为 6.43%；而少数民族留守儿童人数高达 1916 人，留守率为 8.33%。如 3 - 15 所示。

表 3 - 15　　　　　　　　少数民族与汉族儿童留守情况对比

民族	留守人数（人）	留守率（%）
汉族	605	6.43
少数民族	1916	8.33

3.2.2　农村儿童辍学情况

表 3 - 16 描述了西部农村儿童（6～18 周岁）的辍学情况。调查发现，西部农村儿童辍学现象较为严重，而且少数民族儿童辍学现象比汉族儿童更加严重。从表 3 - 16 中可以看出，少数民族儿童辍学率为 18.99%，而汉族儿童的辍学率为 14.13%，显著低于少数民族儿童的辍学率。

表 3 - 16　　　　　　　　农村儿童辍学情况

指标	少数民族		汉族	
	频数	频率	频数	频率
辍学	463	18.99	152	14.13
在学	1975	8101	924	85.87
样本数量	2438		1076	

调查发现，西部农村儿童（7～18 岁）辍学现象较为严重，各省份中辍学情况较为严重的主要有四川、西藏、青海。最严重的是西藏，其农村儿童辍学率高达 46.05%；四川次之，辍学率为 22.11%；青海的辍学率为 21.79%。如表 3 - 17 所示。

表 3 - 17　　　　　　　　西部地区儿童辍学情况

省份	人数（人）	辍学率（%）
内蒙古	9	8.91
广西	36	17.48
重庆	34	11.72
四川	199	22.11
贵州	14	14.00
云南	33	10.75
西藏	70	46.05
陕西	7	3.98
甘肃	40	13.29
青海	95	21.79
宁夏	57	13.80
新疆	19	14.39

3.2.3 不同年龄段儿童辍学情况

调查发现，不同年龄段儿童的辍学率表现出显著差异。7~13 岁的儿童辍学率为 3.64%；13~15 岁的儿童辍学率为 5.54%；而 15~17 岁的儿童辍学率为 15.41%。调查结果显示，随着年龄的增长，辍学率越来越高。如表 3–18 所示。

表 3–18 西部十二省（市、区）不同年龄段儿童辍学情况

不同年龄段	人数（人）	辍学率（%）
7~13 岁（小学）	42	3.64
13~15 岁（初中）	15	5.54
15~17 岁（高中）	45	15.41

3.2.4 留守与非留守儿童辍学情况

统计结果显示，留守儿童的辍学率为 18.26%，显著高于非留守儿童 16.41% 的辍学率。如表 3–19 描述了西部十二省中留守儿童与非留守儿童辍学率的情况。

表 3–19 西部十二省（市、区）留守与非留守儿童辍学情况对比

分类	人数（人）	辍学率（%）
留守儿童	360	18.26
非留守儿童	253	16.41

3.2.5 不同抚养形式下的儿童辍学情况

统计结果显示，不同抚养方式下的儿童辍学率存在较大差异。自己照顾自己的儿童辍学率高达 27.93%；值得注意的是，和父亲一起生活的儿童辍学率为 24.84%，显著高于与母亲一起生活的儿童辍学率；而被其他亲戚照顾的儿童辍学率最低，为 9.3%。如表 3–20 所示。

表 3－20　　　　　　　西部地区儿童不同受抚养情况的辍学率对比

受抚养情况	人数（人）	辍学率（%）
和父亲生活	38	24.84
和母亲生活	125	16.58
和父母一起生活	304	16.14
外公/外婆	7	11.11
爷爷/奶奶	74	18.51
自己照顾自己	50	27.93
其他亲戚	3	9.30

第4章 城乡迁徙

4.1 样本收集与分布

4.1.1 按地区区分

调查针对 18 岁至 55 岁的人群询问了其城乡迁徙相关情况，例如外出务工情况，获取务工信息的渠道等。调查共收集了 11628 份样本，表 4 – 1 西部地区的外出务工情况统计了西部十二个省市自治区的外出务工情况，各省市区外出务工和未外出务工的人数以及比例。

表 4 –1　　　　　　　　　西部地区的外出务工情况

省份	外出务工		未外出务工		样本量
	人数（人）	比例（%）	人数（人）	比例（%）	
内蒙古	302	48.40	322	51.60	624
广西	374	42.36	509	57.64	883
重庆	482	61.17	306	38.83	788
四川	686	30.29	1579	69.71	2265
贵州	293	36.67	506	63.33	799
云南	302	25.21	896	74.79	1198
西藏	86	15.36	474	84.64	560
陕西	220	28.21	560	71.79	780
甘肃	338	26.55	935	73.45	1273
青海	482	48.49	512	51.51	994
宁夏	428	45.20	519	54.80	947
新疆	74	14.31	443	85.69	517
合计	4067	34.98	7561	65.02	11628

从表4-1可知，在西部大部分省市区中，未外出务工的人口多于外出务工人口。其中，外出务工人数比例最小的省份是新疆，仅为14.31%。而重庆市的外出务工人口数量高出其未外出务工的人口数，外出务工人口占比为61.17%，成为外出打工人数比例最大的省市。

4.1.2　按民族区分

调查结果显示，西部农村居民外出务工或曾经外出务工的比例占34.94%，其中少数民族居民外出务工或曾经外出务工的比例占36.93%，而汉族居民相应的比例为32.30%。这说明，少数民族居民相对于汉族居民更愿意外出打工或者更愿意迁徙。具体情况见表4-2。

表4-2　　　　　　　　　　各民族外出打工情况

打工情况	少数民族		汉族	
	样本量（个）	百分比（%）	样本量（个）	百分比（%）
没有在外打工或打过工	4235	63.07	3326	67.70
在外打工或打过工	2480	36.93	1587	32.30
合计	6715	100.00	4913	100

调查发现各少数民族内外出务工的比例差异较大。从表4-3看出撒拉族外出务工的比例最高，维吾尔族最低。撒拉族中有50.29%的成年人外出务工，而维吾尔族中仅有8.17%的成年人外出务工。

表4-3　　　　　　　　　　少数民族外出打工情况

民族	外出务工人数（人）	比例（%）	未外出务工人数（人）	比例（%）
布依族	86	36.91	147	63.09
傣族	72	24.66	220	75.34
仡佬族	75	26.98	203	73.02
回族	340	44.33	427	55.67
拉祜族	14	28.57	35	71.43
蒙古族	22	22.92	74	77.08
苗族	47	44.34	59	55.66
撒拉族	441	50.29	436	49.71
羌族	132	39.05	206	60.95

民族	外出务工人数（人）	比例（%）	未外出务工人数（人）	比例（%）
土家族	458	60.1	304	39.9
维吾尔族	25	8.17	281	91.83
彝族	232	25.86	665	74.14
壮族	360	41.96	498	58.04
藏族	115	16.59	578	83.41
合计	4006	34.94	7459	65.06

4.2　外出务工人群的详细情况

4.2.1　外出务工人群的年龄结构

调查样本分成以下四个年龄段：18～27岁，28～37岁，38～47岁和28～55岁①。调查结果显示，处于28～37岁年龄段的人群外出务工的人数最多，占比41.32%；而处于48～55岁年龄段的人群外出务工的人数最少，占比26.09%。详见表4-4。

表4-4　　　　　　　各年龄段的外出务工情况

年龄段	外出务工人数（人）	比例（%）	未外出务工人数（人）	比例（%）	总计
18～27	1052	39.95	1581	60.05	2633
28～37	1181	41.32	1677	58.68	2858
38～47	1086	32.16	2291	67.84	3377
48～55	485	26.09	1374	73.91	1859
合计	3804	35.00	6923	65.00	10727

表4-5提供了各年龄段外出务工人数占外出务工总人数的比例。其中，外出务工的人群中有31.05%的人处于28～37岁，28.55%的人处于38～47岁，27.66%的人处于18～27岁，12.75%的人处于48～55岁。

---

①　我们所进行调查的对象是年龄段处于18岁至55岁的人群，该年龄段的全距为38岁，若将18～55岁分成四个组，则组距大致为10岁，18～37岁为青年，而18～27岁为青年中的青春期，28～37岁为青年中的成熟期；38～55岁为中年，而38～47岁为中年中的壮实期，48～55岁为中年中的稳健期（参考《国际年龄标准——各年龄段的划分》）。

表4-5 各年龄段外出务工人口比例

年龄段（岁）	外出务工人数的比例（%）
18~27	27.66
28~37	31.05
38~47	28.55
48~55	12.75
合计	100

4.2.2 外出务工人群的性别比例

如表4-6所示，在外出务工人群中，男性人数多于女性，男性占比64.75%；女性占比35.25%；而未外出打工的人群中，女性多于男性，样本中男性有3633人，女性有3891人。在受访的男性人群中，有41.88%的人外出务工；受访的女性人群中，有26.81%的人外出务工。

表4-6 外出和未外出打工人口的性别分布情况

性别	外出务工人数（人）	比例（%）	未外出务工人数（人）	比例（%）	总计
男	2618	41.88	3633	58.12	6251
女	1425	26.81	3891	73.19	5316
合计	4043	34.95	7524	65.05	11567

4.2.3 未外出务工及外出务工的原因

问卷设计了十类未外出打工的原因：照顾老人或儿童、疾病或残疾、担心在外找不到工作、在外面没有认识的人、正在读书、照看本地生意、本地就业机会很多、本地的农业收入较高、不知道和其他原因。调查结果显示，因照顾老人或儿童而未外出务工的人数最多，比例为35.84%；因其他原因而未外出打工的人数比例约为12.94%；因本地就业机会很多而未外出务工的比例约为9.09%。具体情况见表4-7。

表4-7 未外出打工的原因分布情况

原因	人数（人）	比例（%）
照顾老人或儿童	3537	35.84
疾病或残疾	635	6.43

原因	人数（人）	比例（%）
担心在外找不到工作	751	7.61
在外面没有认识的人	304	3.08
正在读书	616	6.24
照看本地生意	816	8.27
本地就业机会很多	897	9.09
本地的农业收入较高	740	7.50
不知道	296	3.00
其他	1277	12.94

问卷设计了五类外出务工的原因：家庭劳动力富余、城市机会多、同村亲友都在外务工、城里生活质量更高和其他原因。调查结果显示，因城市机会多、收入高，而外出务工的人数最多，约占 58.72%；因城里生活质量更高、基础设施更加齐全、医疗水平更高而外出务工的人数最少，约占 5.41%；因家庭劳动力富余，在家无事可做而外出务工的人约占 22.14%；因其他原因而外出打工的人约占 6.97%。具体情况见表 4 - 8。

表 4 - 8　　　　　　　　　　**外出务工的原因分布情况**

原因	人数（人）	百分比（%）
家庭劳动力富余，在家无事可做	1175	22.14
城市机会多，收入高	3117	58.72
同村亲友都在外打工	359	6.76
城里生活质量更高，基础 基础设施更加齐全，医疗水平更高	287	5.41
其他	370	6.97

4.2.4　获取工作的各种途径所占的比重

问卷设计了七类外出务工寻找工作的途径：自己寻找、亲人熟人介绍、通过各种媒体、本地政府组织、劳务中介、用人单位或用工地政府组织招聘和其他。调查结果显示，通过自己寻找而找到工作的人最多，占比约为 53.95%；通过本地政府组织而找到工作的人最少，占比约 0.67%；通过亲友熟人介绍而找到工作的人占比约 39.27%；通过用人单位或用工地政府组织招聘而找到工作的人占比约 2.96%，具体情况见表 4 - 9。

表 4 - 9　　　　　　　　　获取工作的途径分布情况

途径	人数（人）	比例（%）
自己寻找	2006	53.95
亲友熟人介绍	1460	39.27
通过 QQ、报刊、电视等媒体	31	0.83
本地政府组织	25	0.67
劳务中介	33	0.89
用人单位或用工地政府组织招聘	110	2.96
其他	53	1.43

4.2.5　外出工作所遇到的困难

问卷设计了六类外出务工可能会遇到的困难：随迁子女的教育问题、挣不到钱、不安全、不适应城里的环境、没有医疗养老工伤等社会保障和其他困难。调查发现，外出务工人员遇到最大的困难是挣不到钱。有 34.10% 比例的人群在外出务工中挣不到钱；有 10.50% 比例的人遇到随迁子女的教育问题；13.57% 的人遇到不安全问题；不适应城里环境的人群占 11.54%；没有医疗养老工伤等社会保险的人群占 7.73%；遇到其他困难的占 22.56%。具体情况见表 4 - 10。

表 4 - 10　　　　　　　　　打工所遇到的困难情况

困难	人数（人）	比例（%）
随迁子女的教育问题	424	10.50
挣不到钱	1377	34.10
不安全	548	13.57
不适应城里的环境	466	11.54
没有医疗养老工伤等社会保障	312	7.73
其他	911	22.56

第5章 幸福感及传统文化

5.1 幸福感

调查从九个方面来度量西部农村居民的幸福感，包括家庭经济状况、家庭关系、人际关系、个人健康状况、住房状况、所居住的社区、工作打工、对生活的满意状况和幸福感。

5.1.1 幸福感

从图 5 - 1 可知，在 6172 名受访者中 48.78% 的受访者认为自己幸福；8.46% 的受访者认为自己非常幸福；31.03% 的受访者认为自己的幸福程度一般；9.96% 的受访者认为自己不幸福；仅有 1.77% 的受访者认为自己非常不幸福。通过受访人群对幸福程度评分（1~5 分，其中 1 表示非常幸福，5 表示非常不幸福）的结果显示，受访人群的平均幸福感程度均值为 2.48。

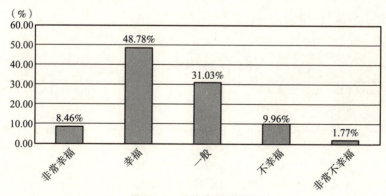

图 5 - 1　总体幸福感状况

调查发现，男性与女性的幸福状态有一定的不同。调查显示，男性认为自己幸福的比例为 48.50%，女性为 49.10%。从图 5-2 中可知，女性认为自己幸福的比例略高于男性，认为不幸福的比例低于男性。总体而言，男性与女性对于生活幸福感程度评分的均值分别为 2.50 和 2.46，介于幸福和一般幸福之间。

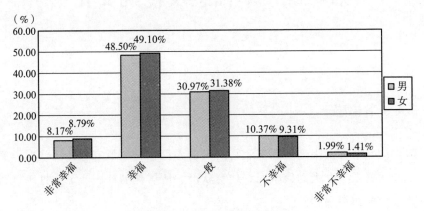

图 5-2　不同性别幸福感状况

表 5-1 显示了各省市自治区生活幸福感程度。可以看出，受访者的生活幸福感程度大都集中在幸福和一般上。其中，西藏自治区、重庆市等地区受访者的幸福指数较高，认为自己幸福及非常幸福的人群占比达 63.18% 和 61.80%。

而从幸福感程度的均值水平来看，西部地区受访者的幸福感程度均值处于 2.00~3.00 之间，即皆处于幸福与一般之间。其中，西藏自治区幸福感程度均值为 2.31 最低，即幸福感最强；广西壮族自治区的 2.74 幸福感程度均值为最高，处于幸福与一般之间。

表 5-1　　　　　　　　　　　各省份生活幸福感程度

省份	非常幸福（%）	幸福（%）	一般（%）	不幸福（%）	非常不幸福（%）	平均幸福度
内蒙古	9.45	38.27	43.32	8.47	0.49	2.52
广西	1.82	35.15	52.53	9.70	0.81	2.74
重庆	4.87	61.80	23.60	7.87	1.87	2.43
四川	8.55	46.60	30.80	12.04	2.01	2.53
贵州	6.36	53.95	27.63	10.75	1.32	2.47
云南	11.20	49.49	26.48	9.78	3.05	2.47
西藏	7.22	63.18	21.30	5.05	3.25	2.31

省份	非常幸福（%）	幸福（%）	一般（%）	不幸福（%）	非常不幸福（%）	平均幸福度
陕西	10.00	50.48	33.10	6.19	0.24	2.36
甘肃	15.60	48.60	21.20	13.00	1.60	2.36
青海	10.24	49.24	26.58	10.68	3.27	2.47
宁夏	9.60	49.60	25.20	13.00	2.60	2.51
新疆	4.29	51.79	36.43	6.79	0.71	2.48

　　各民族居民的幸福感也有所不同。调查发现，各民族认为自己生活的幸福状况集中在幸福和一般的程度上。详见表 5 - 2。其中，回族和彝族居民认为自己生活非常幸福的人数比例达到了 10%，而藏族和土家族居民认为生活幸福的人数占到了该民族受访人数的 63.22% 和 62.18%。从幸福感程度的均值水平来看，各民族平均幸福度均值处于 2.00 ~ 3.00 之间，即皆处于幸福与一般程度之间。其中，藏族受访者的幸福感平均值最低为 2.29，即幸福感最强烈；而回族受访者的幸福感平均值最高为 2.90。

表 5 - 2　　　　　　　　　　　不同民族生活幸福感程度

民族	非常幸福（%）	幸福（%）	一般（%）	不幸福（%）	非常不幸福（%）	平均幸福度
汉族	9.94	46.56	32.41	9.90	1.20	2.46
布依族	6.47	59.71	25.18	8.63	0.00	2.36
回族	10.00	25.00	35.00	25.00	5.00	2.90
蒙古族	6.82	59.09	20.45	13.64	0.00	2.41
苗族	4.00	54.00	26.00	14.00	2.00	2.56
羌族	4.55	38.38	47.47	9.60	0.00	2.62
土家族	4.75	62.18	23.56	7.52	1.98	2.42
维吾尔族	5.23	54.65	35.47	4.07	0.58	2.40
彝族	10.00	47.00	24.33	15.67	3.00	2.55
壮族	1.45	35.20	52.59	9.94	0.83	2.75
藏族	8.51	63.22	20.06	4.86	3.34	2.29

5.1.2　家庭经济状况满意度

　　调查发现，受访者认为自己家庭经济状况满意程度为一般的比例为 40.54%；对自己家庭经济状况非常不满意的比例为 7.10%；对于家庭经济状况不满意的为 27.82%；对于家庭经济状况感到满意的比例为 20.21%；而对于家庭经济状况非常满意的比例仅为 4.34%。将这五个满意程度分别评分为 1～5（其中 1 代表非常不满意，5 代表非常满意），均值越高则满意程度越低，本次调查总体家庭经济满意程度均值为 2.87，处于不满意和一般程度。如图 5－3 所示。

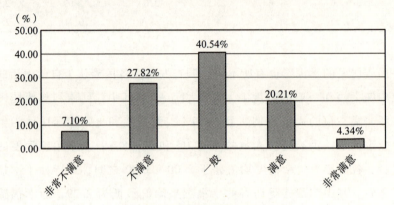

图 5－3　总体家庭经济满意状况

如图 5－4 所示，从性别来看，男性和女性在家庭经济状况的满意度上并无明显差异，大多数受访者认为自家的家庭经济状况一般。男性和女性受访者认为自家家庭经济状况一般的比例分别为 40.42% 和 40.58%。而以均值来衡量男女对于家庭经济满意程度，男性满意程度均值为 2.87，而女性满意程度为 2.86，介于不满意和一般的状况之间。

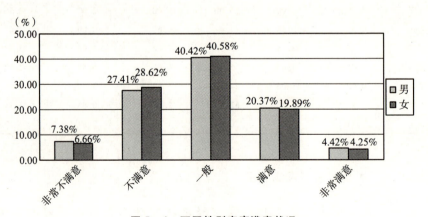

图 5－4　不同性别家庭满意状况

　　调查数据显示，西藏自治区的受访人群对于自己家庭经济状况满意度位居首位，满意的比例高达 44.48%，非常满意的比例达 13.52%，而非常不满意的比例仅为 0.36%，不满意比例为 4.63%。同时，西藏自治区的受访人群对于自己家庭经济状况满意度的均值也以 3.66 的水平位居首位；而对于自己家庭经济状况满意度均值较低的是宁夏回族自治区，为 2.58。如表 5 - 3 所示。

表 5 - 3　　　　　　　　　　　各省份家庭经济状况满意度

省份	非常不满意（%）	不满意（%）	一般（%）	满意（%）	非常满意（%）	平均满意度
内蒙古	1.79	17.07	50.41	24.07	6.67	3.17
广西	3.38	25.25	50.10	20.68	0.60	2.90
重庆	7.10	34.77	35.14	21.12	1.87	2.76
四川	10.59	31.94	36.72	16.58	4.17	2.72
贵州	5.93	33.41	43.96	14.29	2.42	2.74
云南	9.31	35.43	40.49	9.92	4.86	2.66
西藏	0.36	4.63	37.01	44.48	13.52	3.66
陕西	3.57	23.10	43.57	23.57	6.19	3.06
甘肃	4.99	28.54	39.12	22.95	4.39	2.93
青海	9.74	24.89	40.04	21.65	3.68	2.85
宁夏	15.71	34.00	30.62	16.10	3.58	2.58
新疆	5.00	26.07	42.50	22.50	3.93	2.94

　　按民族分类，各少数民族受访者对家庭经济状况的满意度水平存在着明显差异，如表 5 - 4。各民族受访者对家庭经济状况大多感到一般，而部分人处于满意和非常满意程度。其中，藏族受访者对自己的家庭经济状况感到最满意，表示满意的人群达到 41.14%，感到非常满意的人群达 11.71%；而彝族受访者对自己的家庭经济状况感到最不满意，其平均满意度最低，仅为 2.53。

表 5 - 4　　　　　　　　　　　各民族家庭经济情况满意程度

民族	非常不满意（%）	不满意（%）	一般（%）	满意（%）	非常满意（%）	平均满意度
汉族	5.39	25.78	43.01	20.85	4.98	2.94
布依族	4.38	26.28	51.82	15.33	2.19	2.85
回族	20.00	20.00	50.00	5.00	5.00	2.55
蒙古族	6.82	34.09	40.91	13.64	4.55	2.75
苗族	5.00	48.33	33.33	13.33	0.00	2.66

民族	非常不满意（%）	不满意（%）	一般（%）	满意（%）	非常满意（%）	平均满意度
羌族	5.53	29.15	43.72	17.59	4.02	2.85
土家族	6.72	34.58	36.17	20.95	1.58	2.76
维吾尔族	2.91	23.84	41.86	25.00	6.40	3.08
彝族	15.95	39.20	25.58	14.62	4.65	2.53
壮族	3.26	25.66	50.31	20.16	0.61	2.89
藏族	0.90	9.61	36.64	41.14	11.71	3.53

5.1.3 家庭关系满意度

基于家庭关系的满意度调查，图 5 – 5 反映出受访总体对家庭关系大多表示满意，占比可达 49.02%；表示非常不满意的占比仅 0.78%；表示不满意的占比仅 3.61%；表示家庭关系一般的占比 14.24%；而表示非常满意的占比 33.21%。同样，将这五个满意程度分别评分为 1～5，均值越高则满意程度越高。家庭关系满意度的总体均值为 4.09，满意程度较高。

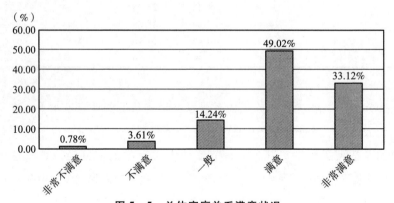

图 5 – 5　总体家庭关系满意状况

由图 5 – 6 可知，男女在对家庭关系状况的满意度上存在着显著的差异，男性满意程度比例为 48.18%，而女性仅为 21.31%。调查发现，男性对家庭关系非常满意的比例为 34.55%，而女性仅为 4.55%；女性较男性对家庭关系感到非常不满意的比例更高，女性为 7.14%，而男性仅为 0.91%。调查的满意度均值显示，男性对家庭关系的满意度均值为 4.11，女性对家庭关系的满意度均值为 4.06，满意程度都比较高。

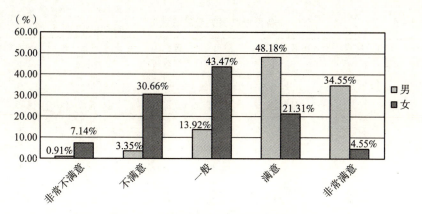

图 5 - 6　不同性别下家庭关系满意状况

　　调查结果显示，受访人群普遍对自己家庭关系感到满意，感到非常不满意的人数比例极低。其中，贵州省受访者对家庭关系感到满意的比例最高为61.54％；宁夏回族自治区受访者对于家庭关系感到非常满意的比例高达50.90％。如表 5 - 5 所示。

表 5 - 5　　　　　　　　各省（市、区）家庭关系满意状况

省（市、区）	非常不满意（％）	不满意（％）	一般（％）	满意（％）	非常满意（％）	平均满意度
内蒙古	1.46	9.43	20.81	37.56	30.73	3.17
广西	0.60	6.16	21.67	58.25	13.32	3.78
重庆	0.56	3.19	16.89	58.72	20.64	3.96
四川	1.13	4.34	10.08	47.00	37.45	4.15
贵州	1.10	2.64	21.76	61.54	12.97	3.83
云南	0.20	2.41	15.69	38.23	43.46	4.22
西藏	0.71	0.36	17.44	43.42	38.08	4.18
陕西	0.48	1.19	16.95	51.55	29.83	4.10
甘肃	0.80	2.19	5.58	48.61	42.83	4.30
青海	0.22	2.39	11.28	50.76	35.36	4.19
宁夏	0.80	1.60	6.99	39.72	50.90	4.38
新疆	0.36	2.14	7.50	54.29	35.71	4.23

　　表 5 - 6 显示了不同民族对于家庭关系的满意程度。调查结果显示，各民族对家庭关系集中表现在满意和非常满意两个水平，而表示非常不满意的比例极低。其中，布依族对于家庭关系感到满意的人数比例高达63.31％，而彝族和蒙古族对于家庭关系感到非常满意的人数比例达54.97％和54.55％。

表 5 - 6　　　　　　　　　　各民族家庭关系满意状况

民族	非常不满意（%）	不满意（%）	一般（%）	满意（%）	非常满意（%）	平均满意度
汉族	0.95	4.41	14.66	48.93	31.05	4.05
布依族	0.00	0.72	19.42	63.31	16.55	3.96
回族	0.00	5.00	15.00	45.00	35.00	4.10
蒙古族	0.00	4.55	2.27	38.64	54.55	4.43
苗族	2.00	4.00	22.00	54.00	18.00	3.82
羌族	4.52	7.54	16.08	51.26	20.60	3.76
土家族	0.60	3.17	16.87	58.73	20.63	3.96
维吾尔族	0.58	2.33	8.72	53.49	34.88	4.20
彝族	0.00	1.99	5.30	37.75	54.97	4.46
壮族	0.61	5.91	21.79	58.66	13.03	3.78
藏族	0.60	0.30	15.02	44.14	39.94	4.23

5.1.4　人际关系满意度

调查结果显示，大多数受访人群对其人际关系表示非常满意或比较满意，其比例分别为 31.36% 和 50.52%。只有少部分人表示对其人际关系状况不满意或是非常不满意，其比例分别为 2.50% 和 0.66%。如图 5 - 7 所示。

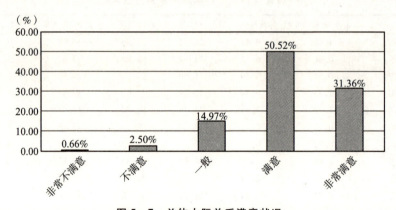

图 5 - 7　总体人际关系满意状况

性别差异对人际关系满意程度的结果影响不大。男性对人际关系表示非常不满意的比例为 0.64%，女性为 0.64%；男性对人际关系表示不满意的比例为 2.70%，女性为 2.19%；男性对人际关系表示一般满意的比例为 14.88%，女性为 15.14%。受访人群对于自己人际关系满意程度都集中在满意和非常满意两种程度上。表示满意的人群中，男性占比 49.76%，女性占比 51.73%；

表示非常满意的人群中，男性占比32.02%，女性占比30.24%。如图5-8。

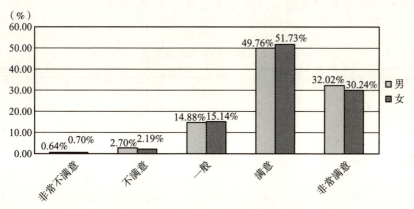

图5-8 不同性别人际关系满意状况

表5-7显示各省市区的人际关系满意状况。调查显示，各地区受访者对其人际关系多表示满意和非常满意。其中，广西壮族自治区受访者对人际关系表示满意程度的比例高达63.62%，贵州省和重庆市分别以63.38%和61.50%次之；宁夏回族自治区受访者对于人际关系表示非常满意的比例最高，可达50.70%。

表5-7   各地区人际关系满意状况

省份	非常不满意（%）	不满意（%）	一般（%）	满意（%）	非常满意（%）	平均满意度
内蒙古	0.65	7.48	20.33	40.00	31.54	3.94
广西	0.40	3.18	22.27	63.62	10.54	3.81
重庆	0.19	1.87	23.74	61.50	12.71	3.85
四川	1.82	3.21	10.67	47.18	37.12	4.15
贵州	0.66	1.32	22.37	63.38	12.28	3.85
云南	0.60	1.81	21.13	41.85	34.61	4.08
西藏	0.71	0.71	14.59	40.21	43.77	4.26
陕西	0.24	0.48	13.57	54.29	31.43	4.16
甘肃	0.00	1.59	7.17	50.20	41.04	4.31
青海	0.43	1.52	14.10	50.98	32.97	4.15
宁夏	0.20	1.79	4.37	42.94	50.70	4.42
新疆	0.36	1.07	5.00	55.36	38.21	4.30

表5-8显示，西部农村各民族受访者对其人际关系的感受集中在满意和非常满意两种结果。对人际关系表示满意的人群中，布依族占比最高，为

65.47%；其次是壮族，为63.96%。对人际关系表示非常满意的人群中，彝族的比例最高，为57.28%；其次是蒙古族，为50.00%。

表5-8   各民族人际关系满意状况

民族	非常不满意（%）	不满意（%）	一般（%）	满意（%）	非常满意（%）	平均满意度
汉族	0.62	3.04	14.96	50.47	30.91	4.08
布依族	0.00	0.72	19.42	65.47	14.39	3.94
回族	0.00	5.00	10.00	50.00	35.00	4.15
蒙古族	0.00	2.27	4.55	43.18	50.00	4.41
苗族	2.00	14.00	66.00	16.00	2.00	3.96
羌族	6.03	7.04	15.58	51.26	20.10	3.72
土家族	0.20	1.98	23.52	61.26	13.04	3.85
维吾尔族	0.58	0.00	5.81	55.23	38.37	4.31
彝族	0.00	2.32	5.63	34.77	57.28	4.47
壮族	0.41	3.05	22.20	63.95	10.39	3.81
藏族	0.60	0.60	12.31	42.34	44.14	4.29

5.1.5　个人健康状况满意度

调查结果显示，大部分受访人群对个人健康状况感到满意和非常满意，共占53.66%。除此之外，对个人健康状况感觉一般的人群占比26.21%；而部分人群对自身的健康状况感到不满意和非常不满意，其比例分别为16.93%和3.21%。如图5-9所示。

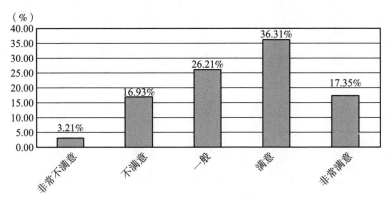

图5-9　总体个人健康满意状况

性别差异对个人健康的满意情况的影响并不显著。如图5-10。

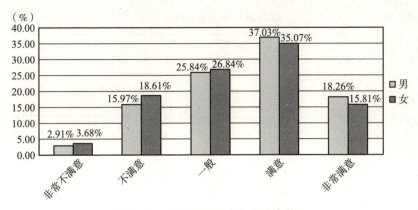

图 5 – 10 不同性别个人健康满意状况

表 5 – 9 显示了各省市区的个人健康满意状况。调查数据显示，受访人群对于个人健康状况大多感到满意和非常满意。其中，贵州省受访者对个人健康状况感到满意的人数比例最高，为 54.49%；对个人健康状况感到非常满意的人数比例最高的是西藏自治区，比例高达 30.25%。

表 5 – 9			各省（市、区）个人健康满意状况			
省（市、区）	非常不满意（%）	不满意（%）	一般（%）	满意（%）	非常满意（%）	平均满意度
内蒙古	3.09	17.07	31.71	31.06	17.07	3.44
广西	2.39	14.12	33.40	37.18	12.92	3.25
重庆	5.05	21.68	28.04	33.46	11.78	3.46
四川	3.04	18.21	25.33	36.69	16.74	3.64
贵州	1.31	10.94	21.88	54.49	11.38	3.19
云南	5.67	24.90	31.38	21.05	17.00	4.05
西藏	0.00	23.84	45.20	30.25	30.25	3.76
陕西	1.19	10.95	24.29	37.86	25.71	3.64
甘肃	3.19	17.17	17.56	36.33	25.75	3.51
青海	4.98	12.77	24.46	41.56	16.23	3.30
宁夏	4.78	25.10	22.91	29.88	17.33	3.38

调查结果显示，不同民族的受访者对个人健康状况的满意程度也不尽相同，对个人健康状况多感到一般或满意。对个人健康状况感到满意的人群中，苗族以 58.00% 的比例列首位；对个人健康状况感到非常满意的人数比例最高的是藏族，为 29.43%。见表 5 – 10。

表 5 - 10   不同民族个人健康满意状况

民族	非常不满意（%）	不满意（%）	一般（%）	满意（%）	非常满意（%）	平均满意度
汉族	2.63	15.50	25.25	37.79	18.83	3.55
布依族	0.72	10.07	20.86	53.96	14.39	3.71
回族	0.00	20.00	25.00	35.00	20.00	3.55
蒙古族	0.00	20.45	20.45	36.36	22.73	3.61
苗族	2.00	18.00	16.00	58.00	6.00	3.48
羌族	1.01	23.62	28.14	38.69	8.54	3.30
土家族	4.94	21.94	28.85	32.41	11.86	3.24
维吾尔族	2.33	20.93	29.07	38.95	8.72	3.31
彝族	4.64	15.23	21.52	34.11	24.50	3.59
壮族	2.44	14.05	33.40	37.47	12.63	3.44
藏族	0.30	3.30	24.62	42.34	29.43	3.97

5.1.6 住房状况满意度

调查数据显示，28.89% 和 35.48% 的受访者分别对其住房状况表示较为一般或比较满意，19.17% 的受访者对其住房状况表示不满意，11.91% 的人对其住房状况表示非常满意，仅有 4.55% 的人对其住房状况表示非常不满意。如图 5 - 11 所示。

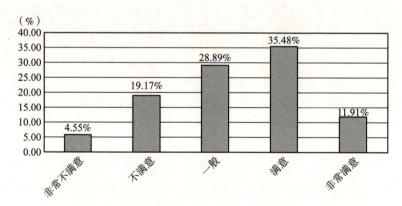

图 5 - 11 总体住房满意状况

性别差异对个人住房状况满意程度的调查结果的影响并不显著，如图 5 - 12 所示。

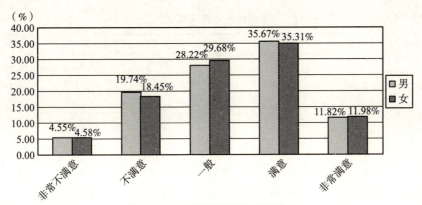

图 5 - 12　不同性别住房满意状况

表 5 - 11 显示了各省市区住房满意状况。数据显示，除云南外，其他各省市区受访人群均集中表示对个人住房状况感到一般或满意。其中，内蒙古自治区受访者认为住房状况一般的人数占比高达 40.00%；陕西省受访者表示对其住房状况感到满意的人数比例高达 47.38%。但是，云南省 34.41% 的受访者表示对其住房状况感到不满意。

表 5 - 11　　　　　　　各省（市、区）对住房满意状况

省（市、区）	非常不满意（%）	不满意（%）	一般（%）	满意（%）	非常满意（%）	平均满意度
内蒙古	2.44	15.28	40.00	31.06	11.22	3.33
广西	1.59	19.48	35.19	36.38	7.36	3.28
重庆	6.37	22.66	31.46	34.83	4.68	3.09
四川	5.98	24.02	29.66	30.36	9.97	3.14
贵州	5.03	24.51	26.70	37.20	6.56	3.16
云南	12.96	34.41	22.27	19.64	10.73	2.81
西藏	32.28	1.70	14.56	32.28	19.17	4.00
陕西	0.24	6.43	26.43	47.38	19.52	3.80
甘肃	4.40	19.80	22.20	37.80	15.80	3.41
青海	3.03	17.53	31.39	37.45	10.61	3.35
宁夏	5.57	14.91	20.48	41.35	17.69	3.51
新疆	0.71	10.00	34.64	43.57	11.07	3.54

西部农村不同民族对于住房状况的满意程度不尽相同。表 5 - 12 显示，各民族受访人群大多认为住房状况一般或满意，而感到不满意及非常不满意的比例相对较低。具体的，回族对住房状况满意程度为一般的比例最高，为50.00%；藏族居民对住房状况满意的人数最多，其比例为 45.65%。

表 5 - 12 不同民族住房满意状况

民族	非常不满意（%）	不满意（%）	一般（%）	满意（%）	非常满意（%）	平均满意度
汉族	3.25	17.11	30.28	36.94	12.42	3.38
布依族	3.60	23.74	30.22	35.25	7.19	3.19
回族	5.00	15.00	50.00	25.00	5.00	3.10
蒙古族	9.09	29.55	22.73	18.18	20.45	3.11
苗族	8.00	24.00	32.00	32.00	4.00	3.00
羌族	6.03	25.63	37.19	24.62	6.53	3.00
土家族	5.54	22.57	32.67	34.85	4.36	3.10
维吾尔族	0.00	7.56	33.14	44.77	14.53	3.66
彝族	9.60	27.48	21.85	31.46	9.60	3.04
壮族	1.63	19.35	35.64	36.25	7.13	3.28
藏族	0.90	4.50	21.62	45.65	27.33	3.94

5.1.7 所居住社区满意度

调查结果显示，45.94%的受访者对所居住社区感到比较满意；27.63%的受访者对所居住社区满意程度为一般；14.60%的受访者对所居住社区感到非常满意；10.20%的受访者对所居住社区感到不满意；而仅有1.63%的受访者对居住社区感到非常不满意。如图 5 - 13 所示。

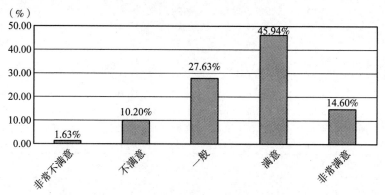

图 5 - 13 总体所居住社区满意状况

性别差异对受访人群对居住社区满意状况的结果并不显著影响。对所居住社区感到非常不满意的男女人群比例仅为 1.60% 和 1.69%。

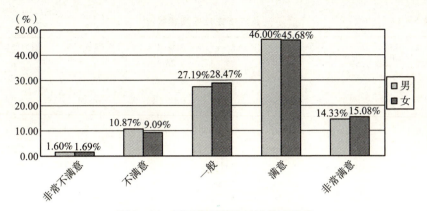

图 5 - 14 不同性别所住社区满意状况

各省市区居民对所居住社区的满意度存在一定差别。表 5 - 13 反映了各地区对于所居住社区的满意状况。广西壮族自治区受访者对所居住社区感到一般满意的比例最高，占 46.52%；贵州省受访者对所居住社区感到满意的比例最高，为60.88%；西藏自治区受访者对所居住社区感到非常满意的比例高达 34.88%。从平均满意度来看，重庆市对所居住社区的平均满意度最低，仅为 3.34。

表 5 - 13　　　　　　　　　　**各省（市、区）所住社区满意状况**

省（市、区）	非常不满意（%）	不满意（%）	一般（%）	满意（%）	非常满意（%）	平均满意度
内蒙古	0.65	15.47	41.04	31.43	11.40	3.37
广西	0.80	9.34	46.52	39.96	3.38	3.36
重庆	1.50	13.32	38.84	42.78	3.56	3.34
四川	1.98	9.89	25.81	48.20	14.12	3.63
贵州	1.10	8.794	19.56	60.88	9.67	3.70
云南	1.43	11.45	28.22	38.85	20.04	3.65
西藏	0.00	1.78	17.79	45.55	34.88	4.14
陕西	1.19	5.24	28.33	44.76	20.48	3.78
甘肃	3.20	12.80	12.00	55.20	16.80	3.70
青海	2.81	9.52	24.68	51.95	11.04	3.59
宁夏	2.99	12.15	15.54	46.61	22.71	3.74
新疆	0.36	4.32	25.54	48.20	21.58	3.86

西部农村各民族对其所居住社区的满意状况大致相同。对所住社区感到满意的受访人群中，苗族所占比例最高，高达 76.00%；布依族以 60.43% 的比例紧随其后。对所住社区感到非常满意的受访人群中，藏族所占的人数比例最高，为 33.73%。如表 5 - 14 所示。

表 5 - 14 　　　　　　　　　　　　不同民族所住社区满意状况

民族	非常不满意（%）	不满意（%）	一般（%）	满意（%）	非常满意（%）	平均满意度
汉族	1.54	10.50	27.43	46.52	14.01	3.61
布依族	0.72	8.63	20.14	60.43	10.07	3.71
回族	5.00	10.00	20.00	40.00	25.00	3.70
蒙古族	0.00	11.36	27.27	43.18	18.18	3.68
苗族	2.00	10.00	8.00	76.00	4.00	3.70
羌族	4.15	18.13	33.68	38.86	5.18	3.23
土家族	1.59	13.10	39.09	42.66	3.57	3.34
维吾尔族	0.00	2.91	18.60	51.16	27.33	4.03
彝族	1.67	8.36	22.74	49.50	17.73	3.73
壮族	0.81	8.96	46.84	40.12	3.26	3.36
藏族	0.00	2.41	17.47	46.39	33.73	4.11

5.1.8　工作满意度

调查结果显示，37.03%的受访者对其工作情况感到一般满意；33.92%的受访者对其工作情况感到满意；17.98%的受访者的受访者对其工作情况感到不满意；8.53%的受访者对其工作情况感到非常满意；仅有2.54%的受访者对其工作情况感到非常不满意。如图 5 - 15 所示。

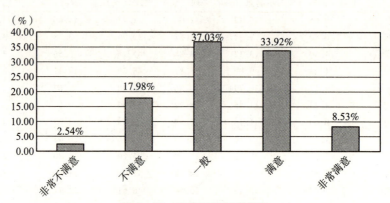

图 5 - 15　总体工作满意状况

不同性别的受访者对其工作状况的满意程度并无较大差异。受访者对其工作状况的满意程度多感到满意，感到非常不满意的比例非常低，其中男性仅为1.60%女性仅为1.69%，如图 5 - 18 所示。

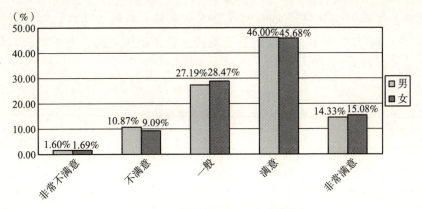

图 5 – 16 不同性别打工工作满意状况

表 5 – 15 提供了各地区受访者对工作满意程度的统计结果。受访者对自己工作状况表示满意的人数比例在西藏自治区最高，为 51.25%；而在内蒙古自治区比例最低，为 23.45%；受访者对自己工作状况表示非常满意的人数比例在西藏自治区最高，达 17.79%。从平均满意度来看，平均满意度最高的是西藏自治区，为 3.81；最低的是重庆市，为 3.03。

表 5 – 15　　　　　　　　　各地区工作打工满意度

省份	非常不满意（%）	不满意（%）	一般（%）	满意（%）	非常满意（%）	平均满意度
内蒙古	1.60	17.23	49.91	23.45	7.82	3.19
广西	0.83	13.07	58.51	25.52	2.07	3.15
重庆	2.19	25.66	42.54	26.32	3.29	3.03
四川	2.74	20.08	29.09	39.76	8.33	3.31
贵州	2.84	13.44	36.69	42.38	4.65	3.33
云南	4.18	26.78	27.41	26.15	15.48	3.22
西藏	0.36	4.63	25.98	51.25	17.79	3.81
陕西	1.72	11.52	44.12	31.37	11.27	3.39
甘肃	1.09	16.52	31.52	42.17	8.70	3.41
青海	3.98	21.22	32.63	32.89	9.28	3.22
宁夏	7.88	19.29	25.27	36.41	11.14	3.24
新疆	0.72	18.12	42.39	32.97	5.80	3.25

从不同民族来看，各民族对工作状况的满意程度存在着显著差异。对工作状况感觉一般满意的比例最高的是壮族，其比例为 58.94%；对工作状况感觉满意的比例最高的分别是藏族、苗族，分别为 52.11%、50.00%；对工作状

况感觉非常满意的比例最高的民族分别是藏族、彝族和回族，其分别占比16.57%、14.53%和10%。从满意度均值来看，藏族最高，为3.77；均值最低的为回族和羌族，均为3.00。详见表5-16。

表5-16   不同民族工作打工满意状况

民族	非常不满意（%）	不满意（%）	一般（%）	满意（%）	非常满意（%）	平均满意度
汉族	1.59	16.17	39.85	34.48	7.91	3.31
布依族	3.36	14.29	40.34	36.97	5.04	3.26
回族	5.00	30.00	35.00	20.00	10.00	3.00
蒙古族	4.65	16.28	27.91	41.86	9.30	3.35
苗族	10.87	6.52	30.43	50.00	2.17	3.26
羌族	2.55	28.03	38.22	29.30	1.91	3.00
土家族	2.09	25.58	42.79	26.28	3.26	3.03
维吾尔族	0.60	19.05	41.07	32.14	7.14	3.26
彝族	3.04	17.23	22.30	42.91	14.53	3.49
壮族	0.85	13.19	58.94	25.32	1.70	3.14
藏族	0.60	7.23	23.49	52.11	16.57	3.77

5.1.9 对总体生活的满意状况

调查结果显示，42.42%的受访人群对总体生活表示满意；36.54%的受访人群对总体生活感觉一般；11.02%的受访人群对总体生活表示不满意；而8.69%的受访人群对总体生活表示非常满意；1.32%的受访人群对总体生活表示非常不满意。如图5-17所示。

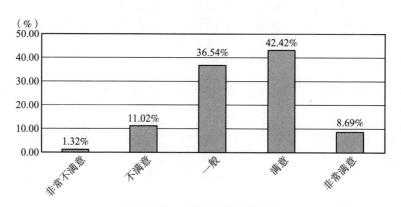

图5-17   总体生活满意状况

如图 5 - 18 所示，性别对生活状况的满意程度并无较大影响。

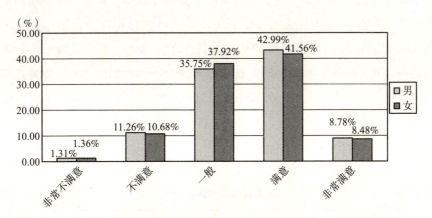

图 5 - 18　不同性别生活满意状况

表 5 - 17 显示了各省市区受访者对生活满意状况的统计结果。数据显示，各地区受访者普遍对生活状况感到满意和一般。广西壮族自治区受访者认为生活状况为一般的比例最高，为 54.27%；西藏自治区受访者对生活状况感到满意的人数比例最高，为 60.71%。从平均满意度来看，西藏自治区受访人群对生活满意度的均值水平最高，为 3.91；而最低的是广西壮族自治区，为 3.28。

表 5 - 17　　　　　　　　　　　各省生活满意状况

省份	非常不满意（%）	不满意（%）	一般（%）	满意（%）	非常满意（%）	平均满意度
内蒙古	1.14	12.36	46.02	32.36	8.13	3.40
广西	0.80	8.55	54.27	34.99	1.39	3.28
重庆	0.56	10.65	36.26	48.41	4.11	3.45
四川	1.57	13.08	37.14	39.76	8.46	3.40
贵州	0.66	11.60	38.95	42.01	6.78	3.43
云南	2.44	12.02	33.40	37.68	14.46	3.50
西藏	0.00	4.64	17.14	60.71	17.50	3.91
陕西	0.48	5.95	36.19	47.86	9.52	3.60
甘肃	1.00	13.37	26.15	46.71	12.77	3.57
青海	1.30	9.33	34.06	46.20	9.11	3.52
宁夏	3.60	12.20	27.60	45.20	11.40	3.49
新疆	1.43	12.50	42.14	41.07	2.86	3.31

　　表 5 - 18 提供了不同民族对于自己生活满意状况的统计结果。调查结果显示，大部分受访者对于生活满意状况感到不满意或一般，感到非常满意的人群比例较低。对自己生活非常不满意的人群中，回族和彝族的比例最高，可达 10.00%；汉族位居第二，达 9.94%。对自己生活感觉一般的人群中，壮族的比例最高，达 52.59%；其次是羌族，为 47.47%。对自己生活感到满意的人群中，回族的比例最高，为 25.00%；其次是彝族、苗族和蒙古族，分别为 15.67%、14.00% 和 13.64%。从对生活状况的满意度均值来看，藏族的均值水平最高，为 3.88；最低的为羌族，仅为 3.14。

表 5 - 18　　　　　　　　　　　不同民族生活满意状况

民族	非常不满意（%）	不满意（%）	一般（%）	满意（%）	非常满意（%）	平均满意度
汉族	9.94	46.56	32.41	9.90	1.20	3.46
布依族	6.47	59.71	25.18	8.63	0.00	3.55
回族	10.00	25.00	35.00	25.00	5.00	3.25
蒙古族	6.82	59.09	20.45	13.64	0.00	3.47
苗族	4.00	54.00	26.00	14.00	2.00	3.36
羌族	4.55	38.38	47.47	9.60	0.00	3.14
土家族	4.75	62.18	23.56	7.52	1.98	3.45
维吾尔族	5.23	54.65	35.47	4.07	0.58	3.34
彝族	10.00	47.00	24.33	15.67	3.00	3.42
壮族	1.45	35.20	52.59	9.94	0.83	3.27
藏族	8.51	63.22	20.06	4.86	3.34	3.88

5.2　少数民族传统文化

5.2.1　少数民族文化淡化流失情况

　　在少数民族传统文化部分调研中，一共有 3476 位少数民族受访者提供相关信息。1404 人认为本民族的少数民族传统文化不存在淡化或流失的情况，占总体的 40.39%；而 1900 人认为本民族的少数民族文化存在着淡化或流失的情况，占总体的 54.66%；在全部受访者中，有 172 名受访者不知道本民族的少数民族文化是否流失，占总体的 4.95%。如表 5 - 19。

表 5 - 19　　　　　　　　　少数民族文化淡化流失情况

认为本民族文化是否淡化或流失	人数（人）	比例（%）
否	1404	40.39
是	1900	54.66
不清楚	172	4.95
总体	3476	100.00

5.2.2　影响少数民族文化淡化或流失的原因

调查结果显示，受访者认为源于现代多样性生活方式的影响，汉族文化的影响和自我民族文化意识的缺乏而导致的少数民族文化淡化或流失的比例分别可达 35.01%、20.29%、17.94%；除此之外，6.93% 的受访者认为是政府缺乏传统文化保护意识而造成的；还有 5.03% 和 2.70% 的受访者认为是除汉族以外其他民族文化的影响和"文化大革命"的冲击使得少数民族文化淡化流失；12.10% 的人没有给出具体原因。详见表 5 - 20。

表 5 - 20　　　　　　　影响少数民族文化淡化或流失的原因

原因	人数（人）	比例（%）
汉族文化的影响	706	20.29
除汉族以外其他民族文化的影响	175	5.03
现代多样性生活方式的影响	1218	35.01
自我民族文化意识缺乏	624	17.94
"文化大革命"的冲击	94	2.70
政府缺乏传统文化保护意识	241	6.93
其他	421	12.10
总体	3479	100.00

5.2.3　民族传统文化来源

中华各民族有着源远流长的传统文化。调查结果显示，59.78% 的受访者认为其对民族传统文化的了解来源于家庭；22.68% 的受访者认为对民族传统文化的了解来源于社会；而 5.99% 的受访者认为对民族传统文化的了解来源于学校；还有 9.28% 和 2.26% 的受访者认为对民族传统文化的了解来源于其他方式或并没有思考过此类问题。如图 5 - 19 所示。

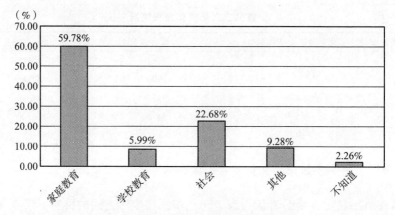

图 5 − 19　民族传统文化了解来源情况

5.2.4　异族通婚意愿

调查结果显示，61.82% 的受访者愿意与其他民族结婚；而 34.75% 的受访者不愿意与其他民族结成婚姻关系；3.43% 的受访者没有回答是否愿意与其他民族结婚。如图 5 − 20 所示。

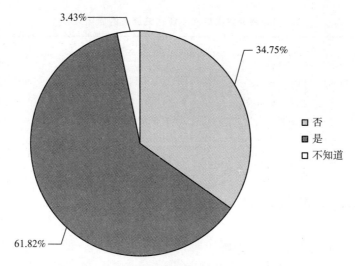

图 5 − 20　与其他民族结为婚姻关系的意愿情况

5.2.5　对汉族生活习惯和方式的看法

调查结果显示，60.66% 的少数民族受访者能够尊重并了解并且积极维护汉族的生活方式和习惯；12.13% 的受访者表示尊重并难以理解汉族的生活方式，觉得不触犯即可；3.72% 的受访者表示不能理解并且尽量避免接触汉族的生活习惯和方式；而 21.27% 的受访者对汉族的生活习惯方式觉得无所谓；也有 2.23% 的受访者没有对此做出评价。如图 5-21 所示。

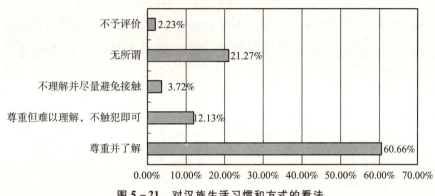

图 5-21 对汉族生活习惯和方式的看法

5.2.6 对本民族的生活习惯和方式的看法

不同的少数民族对于本民族的生活习惯和方式也存在着不同的看法。调查结果显示，有 40.26% 的受访者认为本民族的生活习惯很好，需要积极维护；29.30% 的受访者认为应该维持本民族的生活现状；也有 18.08% 的受访者认为本民族在有些地方需要改进；1.84% 的少数民族认为本民族的生活习惯不好，想换一种方式生活。如图 5-22 所示。

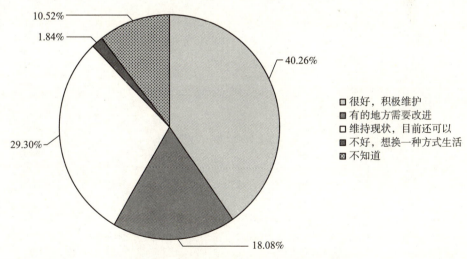

图 5-22 对本民族的生活习惯和方式的看法

5.2.7 对少数民族求学政策的看法

调查结果显示，有 6.44% 的人对少数民族求学政策比较不满意；5.02% 的人对少数民族求学政策表示非常不满意；23.14% 的对少数民族求学政策的看法是一般；而对少数民族求学政策非常满意和比较满意的比例分别为 26.47% 和 33.72% 。如表 5 – 21 所示。

表 5 – 21 　　　　　　　　　　对少数民族求学政策的态度

对少数民族求学政策的态度	人数（人）	比例（%）
非常满意	876	26.47
比较满意	1116	33.72
一般	766	23.14
比较不满意	213	6.44
非常不满意	166	5.02
没有回答	173	5.23
总体	3310	100

第6章　土地流转与征用

6.1　土地基本情况

6.1.1　家庭土地拥有面积总概况

表6-1显示，调查样本中平均每户拥有宅基地260.99平方米、耕地8.17亩和其他用地11.56亩。耕地和其他用地的均值均远大于各自的中位数4.00亩，说明少部分的家庭拥有大部分的土地。

表6-1 家庭土地拥有面积

	宅基地（平方米）	耕地（亩）	其他用地（亩）
均值	260.99	8.17	11.56
中位数	200.00	4.00	4.00
标准差	375.68	18.42	29.56
总户数	5257	4689	1177

6.1.2　家庭平均土地拥有面积

调查结果显示，各省市区家庭的平均土地拥有面积有较大差异，详情如表6-2所示。从表中可以看出，宅基地拥有面积较多的是宁夏和青海家庭，分别为531.79和414.68平方米；拥有较少宅基地的是重庆和云南家庭，仅有130.10和148.38平方米；耕地拥有面积较多的是云南和宁夏家庭，分别为17.20和15.99亩，拥有较少的是贵州家庭，仅2.97亩；其他用地拥有面积较多的是云南、广西和宁夏家庭，分别为22.20、15.29和12.82亩，拥有较少的是贵州和陕西家庭，分别仅为 1.64 和 1.76 亩。

表 6－2   各省家庭平均土地拥有面积

省份	宅基地（平方米）	耕地（亩）	其他用地（亩）
内蒙古	244.59	9.74	—
广西	169.24	9.87	15.29
重庆	130.10	3.79	3.49
四川	264.34	9.23	11.29
贵州	179.21	2.97	1.64
云南	148.38	17.20	22.20
西藏	235.19	8.44	2.44
陕西	262.08	3.69	1.76
甘肃	247.23	8.72	7.47
青海	414.68	4.25	1.92
宁夏	531.79	15.99	12.82
新疆	300.41	3.57	4.30
总户数	5257	4689	1177

6.1.3　汉族和少数民族家庭平均土地拥有面积

由表 6－3 可知，汉族和少数民族家庭在宅基地和其他用地拥有面积上无较大差异；而在耕地拥有面积上有明显差别：汉族家庭平均拥有耕地 7.13 亩，少数民族家庭则为 9.53 亩，在耕地拥有面积上少数民族家庭要高于汉族家庭。

表 6－3   汉族和少数民族家庭平均土地拥有面积

类别	宅基地（平方米）	耕地（亩）	其他用地（亩）
汉族	253.03	7.13	11.15
少数民族	267.44	9.53	11.74
总户数	5230	4669	1171

在人均宅基地和其他用地拥有面积上，汉族和少数民族差别不大，如表 6－4 所示。在人均耕地拥有面积上，汉族为 1.88 亩/人，少数民族为 2.30 亩/人，少数民族要高于汉族。

表 6 - 4   汉族和少数民族人均土地拥有面积

类别	宅基地（平方米/人）	耕地（亩/人）	其他用地（亩/人）
汉族	68.15	1.88	2.88
少数民族	65.80	2.30	2.90
总人数	20434	18589	4671

6.2 土地征用情况

6.2.1 总体土地征用情况

6.2.1.1 土地征用比例

表 6 - 5 表明，宅基地和其他用地被征用的农户较少，分别占样本总数的 4.74% 和 3.92%；而耕地被征用的农户较多，占样本总数的 30.24%。

表 6 - 5   土地征用比例

类别	宅基地	耕地	其他用地
征用户数	262	1689	162
征用比例	4.74%	30.24%	3.92%
总户数	5528	5586	4135

6.2.1.2 近远郊土地征用比例及面积

由表 6 - 6 可知，近郊的宅基地被征用比例为 5.65%，高于远郊的 3.79%；近郊的耕地被征用比例 35.47%，高于远郊的 25.42%；近郊其他用地被征用的比例为 5.47%，仍然高于远郊的 2.50%。总体而言，近郊的土地征用比例高于远郊，这可能由于近郊接近城市，而城市不断地往外扩张，需要大量的土地，所以近郊土地的征用比例较高。

表 6 - 6   近远郊土地征用比例   单位：%

类别	宅基地	耕地	其他用地
近郊	5.65	35.47	5.47
远郊	3.79	25.42	2.50
总户数	5433	5493	4050

表6-7显示近郊的宅基地、耕地和其他用地的征用面积均高于远郊。其中，近郊的耕地征用面积为7.21亩，超过远郊的2倍。

表6-7 　　　　　　　　　　　近远郊平均土地征用面积

类别	宅基地（平方米）	耕地（亩）	其他用地（亩）
近郊	852.17	7.21	11.85
远郊	313.60	3.36	5.52
总户数	141	1593	141

6.2.1.3　汉族和少数民族家庭土地征用比例及面积

表6-8说明宅基地被征用的所有受访家庭中，少数民族家庭占6.47%，高于汉族家庭2.74%的比例；而在耕地被征用的所有受访家庭中，汉族家庭的比例要略高于少数民族家庭，分别为32.34%和28.57%；在其他用地上被征用的比例上，民族差别不大。

表6-8 　　　　　　　汉族和少数民族家庭土地征用比例* 　　　　　　单位：%

民族	宅基地	耕地	其他用地
汉族	2.74	32.34	3.70
少数民族	6.47	28.57	4.09
总户数	5501	5559	4115

注：*此处百分比是各民族被征用土地的户数占各民族户数的比例。

由表6-9可知，针对三种不同类型的土地，少数民族家庭的平均被征面积均远高于汉族家庭。其中，宅基地的被征面积更是高达807.60平方米每户，超出汉族家庭被征面积的2倍。

表6-9 　　　　　　　汉族和少数民族家庭平均土地征用面积

类别	宅基地（平方米）	耕地（亩）	其他用地（亩）
汉族	265.67	4.90	8.44
少数民族	807.60	8.02	11.78
总户数	142	1592	141

6.2.1.4 汉族和少数民族家庭平均征地补偿价格

表 6 - 10 显示，汉族的宅基地平均补偿价格为每平方米 6587.58 元，少数民族为每平方米 2796.46 元，汉族的宅基地平均补偿价格高于少数民族；在耕地方面，两者差别不大，少数民族以 18956.41 元每亩略高于汉族的 16976.65 元/亩；在其他用地补偿价格方面，汉族为 7892.91 元/亩，少数民族为 11722.78 元/亩，少数民族高于汉族。

表 6 - 10　　　　　　　　汉族和少数民族家庭平均征地补偿价格

类别	宅基地（平方米）	耕地（元/亩）	其他用地（元/亩）
汉族	6587.58	16976.65	7892.91
少数民族	2796.46	18956.41	11722.78
总户数	110	1495	136

6.2.2 宅基地

6.2.2.1 宅基地被征用面积和补偿价格

如表 6 - 11 所示，西部农村家庭平均每户被征用 677.84 平方米的宅基地，平均补偿价格为 946.05 元/平方米，高于被征面积的中位数 400 平方米和补偿价格的中位数 255 元/平方米。说明每户被征面积和补偿价格差距较大，有部分的农民没有太多的补偿。

表 6 - 11　　　　　　　　宅基地被征用面积和补偿价格

类别	征地面积（平方米）	补偿价格（元/平方米）
均值	677.84	946.05
中位数	400.00	255.00
标准差	1051.02	1509.38
总户数	142	104

6.2.2.2 宅基地被征用年份分布

如表 6 - 12 所示，有 123 户家庭回答了其宅基地被征用年份。从表中可以看出，1991～2005 年，农户的宅基地被政府征用的情况较少见，累计只占总数的 8.94%；91.06% 的征地发生在 2006～2014 年。

表 6 - 12   宅基地被征用年份分布

时间	征地户数（户）	百分比（%）	累计百分比（%）
1991~1995 年	1	0.81	0.81
1996~2000 年	4	3.25	4.07
2001~2005 年	6	4.88	8.94
2006~2010 年	63	51.22	60.16
2011~2014 年	49	39.84	100
合计	123	100	

6.2.2.3 农户对宅基地补偿价格满意程度

调查结果显示，86.36% 的农户对宅基地补偿价格不满意，其中有 69.32% 表示非常不满意；而仅有 2.27% 和 6.82% 的农户表示非常满意和比较满意。说明政府的征地价格低于农户心中的预期值。

表 6 - 13   农户对宅基地补偿价格满意程度

补偿价格满意程度	征地户数（户）	百分比（%）	累计百分比（%）
非常不满意	61	69.32	69.32
比较不满意	15	17.05	86.36
一般	3	3.41	89.77
比较满意	6	6.82	96.59
非常满意	2	2.27	98.86
不知道	1	1.14	100
合计	88	100	

6.2.3 耕地

6.2.3.1 各省家庭耕地被征用比例

表 6 - 14 显示，调查样本中各省份农户耕地被征用的比例差异较大。其中，内蒙古和新疆农户的耕地被征用比例最高，分别为 62.06% 和 58.63%；最少的是西藏，只有 1 户被政府征用；其次是广西，仅为 17.26%。

表 6 - 14   各省家庭耕地被征用比例

省份	征地户数（户）	征用百分比（%）
内蒙古	301	62.06
广西	82	17.26

省份	征地户数（户）	征用百分比（%）
重庆	134	27.69
四川	226	20.18
贵州	179	40.41
云南	88	19.30
西藏	1	0.78
陕西	106	25.85
甘肃	99	20.04
青海	111	30.92
宁夏	199	43.83
新疆	163	58.63
总户数	1689	

6.2.3.2　耕地被征用面积和补偿价格

表 6 - 15 表明，在耕地被征用的农户中，平均每户被征用 5.67 亩，平均补偿价格为 17965.36 元/亩，均大于征地面积中位数 2.00 亩和补偿价格的中位数 9000 元/亩。这说明每户征地的面积差距过大，有的 1 亩不到，而另一些大于 10 亩，甚至超过 100 亩。

表 6 - 15　　　　　　　　　　耕地被征用面积和补偿价格

类别	征地面积（亩）	补偿价格（元/亩）
均值	5.67	17965.36
中位数	2.00	9000.00
标准差	14.12	19231.31
总户数	1598	1499

表 6 - 16 描述了被征用耕地的面积分布。调查结果显示，72.78% 的农户被征耕地的面积均小于 5 亩；被征面积 5 亩以上的农户只占 27.21%。其中，只有 0.56% 的农户的耕地被征面积超过 100 亩。

表 6 - 16　　　　　　　　　　耕地被征用面积分布

征地面积（亩）	征地户数（户）	百分比（%）	累计百分比（%）
<1	389	24.34	24.34
1 ~ 5	774	48.44	72.78

征地面积（亩）	征地户数（户）	百分比（%）	累计百分比（%）
5～10	188	11.76	84.54
10～100	238	14.89	99.44
≥100	9	0.56	100
合计	1598	100	

由表 6 - 17 可知，宁夏和内蒙古家庭耕地被征用的面积较大，平均为 19.26 和 8.74 亩，这可能与宁夏、内蒙古家庭拥有耕地较多有关（如表 6 - 2 所示）；耕地被征用面积较少的省份是甘肃和重庆，分别为 1.68 和 1.71 亩，这可能因为甘肃和重庆农村山地较多，可被征地较少。

表 6 - 17   各省耕地被征用面积

省份	均值（亩）	中位数（亩）	标准差
内蒙古	8.74	6.00	18.53
广西	2.35	1.00	4.46
重庆	1.71	1.00	4.21
四川	2.90	1.00	10.77
贵州	2.22	1.00	8.19
云南	5.99	2.00	22.84
西藏	6.50	6.50	7.78
陕西	2.26	1.00	4.32
甘肃	1.68	1.00	2.67
青海	2.65	2.00	3.57
宁夏	19.26	12.00	21.38
新疆	2.37	1.75	2.62
总户数	1598		

表 6 - 18 显示，被征耕地补偿价格主要集中在 1000～10000 元和 25000～50000 元这两个区间，各占比 31.55% 和 30.75%；也有部分农户的耕地补偿价格在 1000 元以下。

表 6 - 18　　　　　　　　　　　　　耕地补偿价格分布

补偿价格（元/亩）	征地户数（户）	百分比（%）	累计百分比（%）
<1000	278	18.55	18.55
1000～10000	473	31.55	50.10
10000～25000	205	13.68	63.78
25000～50000	461	30.75	94.53
≥50000	82	5.47	100
合计	1499	100	

表 6 - 19 显示，从省际差异来看，新疆和青海家庭的耕地平均补偿价格最高，分别为 43559.25 元/亩和 34538.10 元/亩；宁夏和重庆家庭的耕地平均补偿价格较低，分别为 3086.00 元/亩和 3796.79 元/亩，其中重庆超过 50% 的农户没有耕地补偿。

表 6 - 19　　　　　　　　　　　　各省耕地补偿价格

省份	均值（元/亩）	中位数（元/亩）	标准差
内蒙古	7487.76	1000.00	9643.44
广西	15980.99	13000.00	11875.24
重庆	3796.79	0.00	6929.95
四川	23885.08	18500.00	24929.94
贵州	23981.61	33000.00	15153.07
云南	8856.32	6000.00	11901.55
西藏	4200.00	4200.00	—
陕西	17167.18	25000.00	12543.71
甘肃	21237.62	12000.00	23496.23
青海	34538.10	40000.00	18926.95
宁夏	3086.00	3500.00	1713.37
新疆	43559.25	42000.00	6801.59
总户数	1499		

表 6 - 20 显示不同省市区的汉族和少数民族家庭在耕地补偿价格上的差异。在汉族家庭中，新疆家庭的补偿最高，为 46826.23 元/亩，其次为甘肃、四川、贵州汉族家庭，而在汉族中补偿最少的是宁夏回族自治区，为 3444.04 元/亩；新疆的少数民族家庭的征地补偿最高，为 41416.40 元/亩，其次为青

海、贵州、四川少数民族家庭，最少征地补偿的少数民族家庭为宁夏家庭3016.53 元/亩。

表6-20   各地区汉族和少数民族耕地补偿价格均值

省份	汉族（元/亩）	少数民族（元/亩）
内蒙古	7939.82	6000.00
广西	—	16044.18
重庆	9450.00	3701.78
四川	21050.56	26818.82
贵州	20804.59	27285.72
云南	14131.67	7725.89
西藏	—	4200.00
陕西	17167.18	—
甘肃	21237.62	—
青海	—	34538.10
宁夏	3444.04	3016.53
新疆	46826.23	41416.40
总户数	1494	

6.2.3.3 耕地被征用年份分布

由表6-21 可知，2006～2014 年的耕地征用现象较为频繁。其中，2006～2010 年征地户数占总户数的 32.92%，2011～2014 年征地户数占总户数的50.35%。

表6-21   耕地被征用年份分布

时间	征地户数	百分比（%）	累计百分比（%）
1991～1995 年	23	1.60	1.60
1996～2000 年	50	3.47	5.07
2001～2005 年	168	11.67	16.74
2006～2010 年	474	32.92	49.65
2011～2014 年	725	50.35	100
合计	1440	100	

6.2.3.4 农户对耕地补偿价格满意程度

表 6-22 表明，受访人群中对耕地补偿价格表示不满意的比例累计达到 76.17%，其中，非常不满意的比例可达 43.36%；仅有 2.58% 的农户表示非常满意和 10.47% 的农户表示比较满意。说明对耕地补偿价格满意的农户仍然占少数。

表 6-22　　　　　　　　农户对耕地补偿价格满意程度

补偿价格满意程度	征地户数（户）	百分比（%）	累计百分比（%）
非常不满意	555	43.36	43.36
比较不满意	420	32.81	76.17
一般	114	8.91	85.08
比较满意	134	10.47	95.55
非常满意	33	2.58	98.12
不知道	24	1.88	100
合计	1280	100	

6.2.4 其他用地

6.2.4.1 其他用地被征用面积和补偿价格

由表 6-23 可知，其他用地被征用面积的均值为 10.24 亩/户，平均征地价格为 9948.65 元/亩，均高于其中位数 5.00 亩/户和 6800 元/亩。说明其他用地的征地面积的个体间存在显著差异。

表 6-23　　　　　　　　其他用地被征用面积和补偿价格

类别	征地面积（亩/户）	征地价格（元/亩）
均值	10.24	9948.65
中位数	5.00	6800.00
标准差	20.65	12978.73
总户数	141	136

6.2.4.2 其他用地被征用年份分布

表 6-24 显示，在 1991～2005 年间，其他用地被征用的农户占总样本量的 15.63%；在 2006～2014 年间，其他用地被征用的农户占总样本量的

84.25%。其中 2006 ~ 2010 年的占比可达 33.07%，2011 ~ 2014 年的占比可达
51.18%。

表 6 – 24 其他用地被征用年份分布

时间	征地户数	百分比（%）	累计百分比（%）
1991 ~ 1995 年	2	1.57	1.57
1996 ~ 2000 年	4	3.15	4.72
2001 ~ 2005 年	14	11.02	15.63
2006 ~ 2010 年	42	33.07	48.44
2011 ~ 2014 年	65	51.18	100
合计	130	100	

6.2.4.3 农户对其他用地补偿价格满意程度

表 6 – 25 揭示了农户对其他用地补偿价格的满意程度。对补偿价格不满意
的农户累计占比为 82.46%；其中，非常不满意的农户占比高达 69.30%。相
对而言农户对其他用地补偿价格的满意程度为一般的占比是 7.89%，为比较
和非常满意的占比分别是 6.14% 和 1.75%。说明农户对其他用地的期望补偿
价格远远高于政府的实际补偿价格。

表 6 – 25 农户对其他用地补偿价格满意程度

补偿价格满意程度	征地户数	百分比（%）	累计百分比（%）
非常不满意	79	69.30	69.30
比较不满意	15	13.16	82.46
一般	9	7.89	90.35
比较满意	7	6.14	96.49
非常满意	2	1.75	98.25
不知道	2	1.75	100
合计	114	100	

6.3 土地流转

6.3.1 土地流转概况

调查结果显示，西部农村耕地转出率为 11.18%，耕地转入率为 10.9%，

转出率略高于转入率；在宅基地的流转方面，宅基地的转出率为0.61%，宅基地的转入率为1.45%，转入率要高于转出率。总体而言，西部农村土地的流转程度不高。

表 6 – 26 土地流转概况

类别	宅基地	耕地	其他用地
转出户数	33	626	41
转出率（%）	0.61	11.18	0.99
转入户数	74	595	52
转入率（%）	1.45	10.9	1.32
转出项总户数	5391	5600	4129
转入项总户数	5113	5457	3930

6.3.2 汉族与少数民族土地流转

6.3.2.1 汉族和少数民族家庭土地流转率

表 6 – 27 显示，调查样本中少数民族的宅基地、耕地和其他用地的转出率均高于汉族。其中，少数民族的耕地转出率为12.63%，汉族为9.47%；少数民族的宅基地转出率为0.73%，汉族为0.48%；少数民族的其他用地转出率为1.22%，汉族为0.74%。

表 6 – 27 汉族和少数民族家庭土地流转率*

类别	宅基地	耕地	其他用地
汉族转出率（%）	0.48	9.47	0.74
少数民族转出率（%）	0.73	12.63	1.22
汉族转入率（%）	1.11	10.35	1.81
少数民族转入率（%）	1.77	11.44	0.91
转出项总户数（户）	5361	5571	4109
转入项总户数（户）	5084	5429	3911

注：*少数民族转出率是少数民族转出户数占少数民族调查转出项目的总户数的比例，汉族上同。

6.3.2.2 汉族和少数民族家庭平均土地流转面积

在耕地流转方面，汉族每户平均转出16.52亩，远高于少数民族的3.98

亩；在其他用地流转方面，汉族每户平均转出 5.77 亩，少数民族每户平均转出 7.79 亩；在宅基地转入方面，汉族每户平均转入为 478.89 平方米，高于少数民族的 315.39 平方米；在耕地转入方面，汉族仍然远高于少数民族；而在其他用地转入方面，少数民族每户平均转入 24.31 亩，超过汉族的 2 倍。

表 6－28　　　　　　　汉族和少数民族家庭平均土地流转面积

类别	宅基地（平方米）	耕地（亩）	其他用地（亩）
汉族转出面积	372.82	16.62	5.77
少数民族转出面积	367.68	3.98	7.79
汉族转入面积	478.89	11.12	11.46
少数民族转入面积	315.39	6.63	24.31
转出户数	24	607	36
转入户数	62	576	50

6.3.2.3　汉族和少数民族家庭平均土地流转价格

由表 6－29 可知，汉族和少数民族的耕地转出平均收益差别不大。在宅基地转出收益方面，汉族平均为 3914.00 元/平方米，少数民族平均为 1406.99 元/平方米，汉族远高于少数民族；在其他用地转出收益方面，汉族平均为 390 元/亩·年，少数民族平均为 591.11 元/亩·年，少数民族高于汉族；少数民族的宅基地转入平均成本和其他用地转入平均成本均高于汉族，而在耕地转入方面与之相反，汉族平均为 2139.71 元/亩·年，高于少数民族转入平均成本 965.83 元/亩·年。

表 6－29　　　　　　　汉族和少数民族家庭平均土地流转价格

类别	宅基地（元/平方米）	耕地（元/亩·年）	其他用地（元/亩·年）
汉族转出收益	3194.00	1540.07	390.00
少数民族转出收益	1406.99	1762.11	591.11
汉族转入成本	846.90	2139.71	1009.87
少数民族转入成本	983.72	965.83	3704.38
转出项总户数	23	581	29
转入项总户数	49	545	46

6.3.3　宅基地流转

6.3.3.1　宅基地流转面积

表 6 – 30 显示，西部农村家庭宅基地的平均转出和转入面积没有明显差别，分别为 370.03 和 378.68 平方米，但都高于其中位数 170.00 和 136.70 平方米。

表 6 – 30　　　　　　　　　　　　　宅基地流转面积

类别	转出	转入
均值（平方米）	370.03	378.68
中位数（平方米）	170.00	136.70
标准差	551.90	569.14
总户数	24	62

6.3.3.2　宅基地流转收益成本

由表 6 – 31 可知，宅基地转出的平均收益为 2261.65 元/平方米，高于平均转入成本 930.67 元/平方米；但转出收益和转入成本的均值均高于其中位数 200.00 和 78.00 元/平方米。说明宅基地的转出、转入价格分布不均。

表 6 – 31　　　　　　　　　　　　宅基地流转收益及成本

类别	转出收益	转入成本
均值（元/平方米）	2261.65	930.67
中位数（元/平方米）	200.00	78.00
标准差	5951.71	2028.75
总户数	23	49

6.3.3.3　宅基地流转方式分布

由表 6 – 32 可知，宅基地流转中最常见的方式是租赁和转让。在转出中，租赁和转让分别占比为 52.38% 和 28.57%。在转入中，租赁和转让分别占比为 35.29% 和 39.22%。宅基地流转中互换的方式较为少见。

表 6 – 32　　　　　　　　　宅基地流转方式分布　　　　　　　　单位：%

类别	转出	转入
借用	0	7.84
租赁	52.38	35.29
转包	14.29	7.84
互换	0	1.96
转让	28.57	39.22
其他	0	7.84
不知道	4.76	0
合计	100	100
总户数	21	51

6.3.3.4　宅基地流转合同形式分布

表 6 – 33 表明，宅基地流转采用书面合同形式明显多于口头合同形式。转出中采用书面合同的比例为 68.18%，在转入中该比例为 58.82%。

表 6 – 33　　　　　　　　　宅基地流转合同形式分布　　　　　　　单位：%

类别	转出	转入
口头形式	31.82	35.29
书面形式	68.18	58.82
其他	—	5.88
合计	100.00	100.00
总户数	22	51

6.3.3.5　宅基地转入前后变更用途比例

表 6 – 34 显示，在接受调查时回答该问题的农户共有 54 户，其中有 44.44% 的农户在转入宅基地后变更了用途。

表 6 – 34　　　　　　　　　宅基地转入前后变更用途比例

变更用途	户数（户）	百分比（%）
否	30	55.56
是	24	44.44
总户数	54	100.00

6.3.3.6　未参加宅基地流转原因

由表 6 - 35 可知，农户未参与宅基地流转最主要的原因是没有多余的土地（财力或物力），在未转出项中占 67.05%，在未转入项中占 64.98%；其次是没有转入（转出）者，在未转出项中占 15.64%，在未转入项中占 11.11%。

表 6 - 35	农户未参与宅基地流转原因	单位：%
原因	未转出	未转入
自己没有多余的土地（财力或物力）	67.05	64.98
流转的收入太低（转入收益太低）	2.87	4.30
村组不同意	1.20	1.07
没有转入者（转出者）	15.64	11.11
其他	12.07	17.19
不知道	1.16	1.35
合计	100	100
总户数	4732	4654

6.3.3.7　宅基地流转意愿

由表 6 - 36 可知，愿意参与宅基地转出的户数比例只有 3.60%；愿意转入宅基地的户数比例仅 3.30%。

表 6 - 36	宅基地流转意愿	
类别	愿意转出	愿意转入
户数	151	135
百分比（%）	3.60	3.30
总户数（户）	4192	4092

表 6 - 37 显示，希望参与土地流转的农户愿意转出的宅基地面积均值为 251.72 平方米，愿意转入的宅基地面积均值为 651.65 平方米，愿意转入的面积均值远大于愿意转出面积。同时，愿意转出面积和愿意转入面积均值都大于其中位数。

表 6 - 37 宅基地流转面积意愿

类别	愿意转出面积	愿意转入面积
均值（平方米）	251.72	651.65
中位数（平方米）	100.00	120.00
标准差	694.59	2776.41
总户数（户）	151	135

6.3.3.8 可接受宅基地流转价格

由表 6 - 38 可知，农户转出宅基地愿意接受的最低价格为 1984.43 元/平方米，而愿意转入的农户可接受的最高价格为 1345.79 元/平方米，最低转出价格明显高于最高转入价格。

表 6 - 38 可接受宅基地流转价格

类别	愿意接受最低转出价格	愿意接受最高转入价格
均值（元/平方米）	1984.43	1345.79
中位数（元/平方米）	500.00	1000
标准差	3215.83	2044.37
总户数（户）	118	113

由表 6 - 39 可知，农户愿意接受的最低宅基地转出价格在各个价格区间都有分布；而有 89.38% 的农户愿意接受的最高转入价格在 0 ~ 2500 元/平方米区间内。

表 6 - 39 可接受宅基地流转价格分布

流转价格（元/平方米）	愿意接受最低转出价格			愿意接受最高转入价格		
	户数	百分比（%）	累计百分比（%）	户数	百分比（%）	累计百分比（%）
< 100	28	23.73	23.73	18	15.93	15.93
100 ~ 1000	34	28.81	52.54	35	30.97	46.90
1000 ~ 2500	18	15.25	67.80	48	42.48	89.38
2500 ~ 5000	24	20.34	88.14	6	5.31	94.69
≥ 5000	14	11.86	100	6	5.31	100
合计	118	100		113	100	

6.3.4　耕地流转

6.3.4.1　耕地流转面积

表 6 - 40 显示了耕地的流转情况。在调查样本中，平均每户转出面积为 4.40 亩，转入面积为 6.36 亩，耕地转入面积高于转出；而流转面积的均值均高于其中位数，说明农户间的土地流转规模存在显著差异。

表 6 - 40　　　　　　　　　耕地流转面积

类别	转出	转入
均值（亩）	4.40	6.36
中位数（亩）	3.00	3.00
标准差	6.03	11.07
总户数	607	574

由表 6 - 41 可知，内蒙古和宁夏家庭的耕地转出面积较高，分别为 12.50 亩和 6.67 亩；四川和宁夏家庭的转入面积较高，分别为 9.21 亩和 8.20 亩。

表 6 - 41　　　　　　　　各省份耕地流转面积

省份	转出面积（亩）	中位数（亩）	转入面积（亩）	中位数（亩）
内蒙古	12.50	8.50	4.29	2.00
广西	4.00	3.00	6.34	5.00
重庆	2.50	2.00	6.51	2.00
四川	5.31	5.31	9.21	5.00
贵州	4.48	1.90	2.81	2.00
云南	4.96	3.90	5.96	4.00
西藏	—	—	—	—
陕西	1.59	1.00	4.48	2.70
甘肃	4.61	3.00	5.19	3.00
青海	3.11	2.45	4.90	2.20
宁夏	6.67	5.00	8.20	5.50
新疆	5.68	2.70	5.14	3.80
总户数	607		574	

6.3.4.2 耕地流转收益与成本

表 6 – 42 显示，农户转出耕地的平均收益为 1684.35 元/亩·年，转入成本为 1449.59 元/亩·年，转出收益略高于转入成本；转出收益中位数为 800元/亩·年，高于转入成本 200 元/亩·年。

表 6 – 42   **耕地流转收益与成本**

类别	转出收益	转入成本
均值（元/亩·年）	1684.35	1449.59
中位数（元/亩·年）	800.00	200.00
标准差	6382.80	5203.76
总户数（户）	580	541

表 6 – 43 表明耕地转出收益集中在 100 ~ 1000 元和 1000 ~ 5000 元两个范围内；转入成本主要集中在 0 ~ 100 元和 100 ~ 1000 元两个范围内。转出耕地趋向于价格高，转入耕地趋向于价格低。

表 6 – 43   **耕地流转收益与成本分布**

流转价格 （元/亩·年）	转出收益			转入成本		
	户数 （户）	百分比（%）	累计百分比（%）	户数	百分比（%）	累计百分比（%）
< 100	120	20.69	20.69	226	41.77	41.77
100 ~ 1000	221	38.10	58.79	218	40.30	82.07
1000 ~ 5000	220	37.93	96.72	65	12.01	94.09
5000 ~ 10000	2	0.34	97.07	10	1.85	95.93
≥ 10000	17	2.93	100	23	4.07	100
合计	80	100		541	100	

6.3.4.3 耕地流转方式分布

表 6 – 44 显示农户流转土地主要通过租赁、借用和转包等形式。其中，转出方式中最多使用的是租赁，占 59.50%，其次是借用和转包，分别占15.10% 和 14.74%；而在转入方式中最多的是借用，占 32.89%，其次是租赁，占 30.64%。

表 6-44	耕地流转方式分布	单位：%
类别	转出	转入
借用	15.10	32.89
租赁	59.50	30.64
转包	14.74	17.86
入股	0.18	0.19
互换	0.36	0.75
转让	5.86	14.85
其他	3.20	1.88
不知道	1.07	0.94
合计	100	100
总户数（户）	563	532

6.3.4.4　耕地流转合同形式分布

由表 6-45 可知，耕地采用书面合同方式转出的比例为 64.07%，口头合同只占 32.30%；而耕地采用书面合同方式转入的比例为 67.94%，口头合同只占 28.05%。

表 6-45	耕地流转合同形式分布	单位：%
类别	转出	转入
口头形式	32.30	67.94
书面形式	64.07	28.05
其他	2.00	3.24
不知道	1.63	0.76
合计	100	100
总户数（户）	551	524

6.3.4.5　耕地转入成本与收益

表 6-46 表明，耕地的平均转入成本为 1449.59 元/亩·年；平均转入收益为 3413.90 元/亩·年。说明农民转入耕地后有所收益。

表 6-46	耕地转入成本收益	
类别	转入成本	转入收益
均值（元/亩·年）	1449.59	3413.90
中位数（元/亩·年）	200.00	1000.00

类别	转入成本	转入收益
标准差	5203.76	8548.19
总户数（户）	541	405

6.3.4.6 耕地转入前后变更用途比例

关于耕地转入前后是否变更用途的调查结果显示，耕地转入后仅 16.32%
的农户更改了用途，而绝大多数农户并没有更改用途。如表 6 - 47 所示。

表 6 - 47   **耕地转入前后变更用途比例**

用途	户数（户）	百分比（%）
否	446	83.68
是	87	16.32
总户数	533	

6.3.4.7 未参与耕地流转原因

表 6 - 48 显示农户由于没有多余的土地（财力或物力）而未参与耕地转
出和转入的比例分别为 66.06% 和 62.54%；由于没有匹配到转入者（转出者）
而未参与耕地转出和转入的比例分别为 17.92% 和 12.33%。

表 6 - 48   **农户未参与耕地流转原因**   单位：%

未参与耕地流转原因	未转出	未转入
自己没有多余的土地（财力或物力）	66.06	62.54
流转的收入太低（转入收益太低）	4.15	8.28
村组不同意	1.33	1.17
没有转入者（转出者）	17.92	12.33
其他	9.85	14.90
不知道	0.69	0.78
合计	100.00	100.00
总户数（户）	4649	4623

6.3.4.8 耕地流转意愿

表 6 - 49 显示愿意转出耕地的农户占 17.82%，略高于愿意转入耕地的农

户 13.89%。

表 6 – 49　　　　　　　　　　　　耕地流转意愿

类别	愿意转出	愿意转入
户数	770.00	600.00
百分比（%）	17.82	13.89
总户数（户）	4320	4319

表 6 – 50 显示平均每户愿意转出的耕地面积为 8.32 亩，愿意转入的耕地面积为 20.86 亩，愿意转入的耕地面积大于愿意转出的耕地，呈现出供不应求的局面。

表 6 – 50　　　　　　　　　　　　耕地流转面积意愿

类别	愿意转出面积	愿意转入面积
均值（亩）	8.32	20.86
中位数（亩）	3.45	5.00
标准差	34.97	76.42
总户数（户）	770	600

6.3.4.9　可接受耕地流转价格

表 6 – 51 表明农户愿意接受的最低耕地转出价格和愿意接受的最高转入价格分别为 4130.62 元/亩·年和 4194.70 元/亩·年。说明农户期望的流转价格较为一致，有利于促成耕地流转。

表 6 – 51　　　　　　　　　　　　可接受耕地流转价格

类别	愿意接受最低转出价格	愿意接受最高转入价格
均值（元/亩·年）	4130.62	4194.70
中位数（元/亩·年）	1000.00	1000.00
标准差	9172.06	9513.49
总户数（户）	612	505

由表 6 – 52 可知，农户愿意接受的耕地最低转出价格和最高转入价格大部分

集中分布在 100 ~ 1000 元/亩·年和 1000 ~ 5000 元/亩·年这两个范围内。其中，36.93% 的农户愿意接受的最低转出价格为 100 ~ 1000 元/亩·年；接受 1000 ~ 5000 元/亩·年的农户占 41.99%。而农户愿意接受的最高转入价格为 100 ~ 1000 元/亩·年的占 41.78%，接受 1000 ~ 5000 元/亩·年的农户占 30.10%。

表 6 – 52 可接受耕地流转价格分布

流转价格 （元/亩·年）	愿意接受最低转出价格			愿意接受最高转入价格		
	户数	百分比（%）	累计百分比（%）	户数	百分比（%）	累计百分比（%）
< 100	24	3.92	3.92	37	7.33	7.33
100 ~ 1000	226	36.93	40.85	211	41.78	49.11
1000 ~ 5000	257	41.99	82.84	152	30.10	79.21
5000 ~ 10000	20	3.27	86.11	35	6.93	86.14
≥ 10000	85	13.89	100	70	13.86	100
合计	612	100		505	100	

6.3.5 其他用地

6.3.5.1 其他用地流转面积

表 6 – 53 显示平均每户转出其他用地 7.06 亩，转入 15.83 亩，转入面积均值高于转出面积均值。转入其他用地的面积均值远高于中位数 6.00 亩，说明少部分的农户转入大面积的其他用地。

表 6 – 53 其他用地流转面积对比

类别	转出	转入
均值（亩）	7.06	15.83
中位数（亩）	6.50	6.00
标准差	4.82	23.81
总户数（户）	36	50

6.3.5.2 其他用地流转收益成本

表 6 – 54 显示，其他用地转出的平均收益为 3151.33 元/亩·年，其他用地转入的平均成本为 1353.77 元/亩·年，转出收益大于转入成本。转出收益

均值大于其中位数 400.00 元/亩·年，说明大部分的农户转出收益较低，小部分的农户收益较高。

表 6－54　　　　　　　　其他用地流转收益成本对比

类别	转出收益	转入成本
均值（元/亩·年）	3151.33	1353.77
中位数（元/亩·年）	400.00	450.00
标准差	10362.23	2386.90
总户数	30	44

6.3.5.3　其他用地流转方式分布

调查结果显示，59.38% 的受访者通过租赁方式转出其他用地；以转包方式转出的占 15.63%；而转入方式中，以转让和转包方式转出其他用地的分别为 37.50% 和 29.17%；租赁只占 14.58%。如表 6－55 所示。

表 6－55　　　　　　　　其他用地流转方式分布

类别	转出方式（%）	转入方式（%）
借用	9.38	10.42
租赁	59.38	14.58
转包	15.63	29.17
入股	0	6.25
转让	9.38	37.50
其他	6.25	2.08
合计	100	100
总户数	32	48

6.3.5.4　其他用地流转合同形式分布

表 6－56 显示农户以口头形式转出其他用地的比例为 48.39%，书面形式的比例为 51.61%；而农户以书面形式转入其他用地的比例为 61.70%，口头形式的比例为 38.30%。总体来看，书面形式多于口头形式表示农户的权益意识较强。

表 6－56　　　　　　　　　　其他用地流转合同形式分布　　　　　　　　　单位：%

类别	转出形式	转入形式
口头形式	48.39	38.30
书面形式	51.61	61.70
其他	0	0
不知道	0	0
合计	100	100
总户数（户）	31	47

6.3.5.5　其他用地转入成本收益

表 6－57 显示农户其他用地的平均转入成本为 1353.77 元/亩·年，平均转入收益为 4020.33 元/亩·年。其他用地的转入收益远大于转入成本。

表 6－57　　　　　　　　　　　转入成本收益对比

类别	转入成本	转入收益
均值（元/亩·年）	1353.77	4020.33
中位数（元/亩·年）	450.00	1200.00
标准差	2386.90	6497.47
总户数（户）	44	42

6.3.5.6　其他用地转入前后变更用途比例

表 6－58 显示农户在转入其他用地后变更用途的比例为 32.65%。说明部分农户们有更好的方式去利用土地来创造财富。

表 6－58　　　　　　　　　其他用地转入前后变更用途比例

变更用途	户数（户）	百分比（%）
否	33	67.35
是	16	32.65
总户数（户）	49	

6.3.5.7　未参与其他用地流转原因

表 6－59 显示，农户由于没有多余土地（财力或物力）而未参与其他用地转出和转入的比例分别是 66.44% 和 62.56%；没有转入者（转出者）是另

一个重要的原因，分别占未转出的 15.36％ 和未转入的 12.25％。说明现阶段农户所拥有的其他用地基本只够自给自足，没有多余的土地来进行流转。

表 6 – 59　　　　　　　　　农户未参与其他用地流转原因对比　　　　　单位：％

未参与其他用地流转原因	未转出	未转入
自己没有多余的土地（财力或物力）	66.44	62.56
流转的收入太低（转入收益太低）	3.72	6.69
村组不同意	0.92	0.84
没有转入者（转出者）	15.36	12.25
其他	11.96	16.17
不知道	1.61	1.50
合计	100	100
总户数（户）	3471	3470

6.3.5.8　其他用地流转意愿

表 6 – 60 显示农户愿意转出其他用地和愿意转入其他用地的比例较低，分别为 5.08％ 和 2.43％。希望进行土地流转的农户仍然占少数，说明其他用地类型的需求和供给都相对有限。

表 6 – 60　　　　　　　　　　　其他用地流转意愿

类别	愿意转出	愿意转入
户数	168	81
百分比（％）	5.08	2.43
总户数（户）	3304	3320

表 6 – 61 显示平均每户农户愿意转出其他用地的面积为 6.94 亩，愿意转入 34.37 亩，愿意转入面积大于转出面积。愿意转入面积的均值受到极大值的影响，说明有个别的农户对其他用地的需求较大。

表 6 – 61　　　　　　　　　　其他用地流转面积意愿

类别	愿意转出面积	愿意转入面积
均值（亩）	6.94	34.37
中位数（亩）	3.00	5.00

续表

类别	愿意转出面积	愿意转入面积
标准差	13.60	92.62
总户数（户）	168	81

6.3.5.9 可接受其他用地流转价格

表6-62表明农户愿意接受的其他用地最低转出价格为5048.21元/亩·年，愿意接受的最高转入价格3341.64元/亩·年。愿意接受的最低转出价格高于最高转入价格，说明农户们对其他用地的预期转出价格较高。而最低转出价格和最高转入价格的均值分别远高于各自的中位数，说明小部分的农户有更高的价格预期和更高的价格接受能力。

表6-62　　　　　　　　**可接受其他用地流转价格**

类别	愿意接受最低转出价格	愿意接受最高转入价格
均值（元/亩·年）	5048.21	3341.64
中位数（元/亩·年）	1500.00	900.00
标准差	8365.58	5014.17
总户数（户）	95	64

表6-63表示农户愿意接受的其他用地的最低转出价格集中分布在100~1000元/亩·年和1000~5000元/亩·年两个区间内。说明根据其他用地的位置、土质，大部分农户们愿意达成的价格区间在100~5000元/亩·年。

表6-63　　　　　　　　**可接受其他用地流转价格分布**

流转价格（元/亩·年）	愿意接受最低转出价格			愿意接受最高转入价格		
	户数	百分比（%）	累计百分比（%）	户数	百分比（%）	累计百分比（%）
<100	4	4.21	4.21	10	15.63	15.63
100~1000	34	35.79	40.00	22	34.38	50.00
1000~5000	24	25.26	65.26	15	23.44	73.44
5000~10000	8	8.42	73.68	7	10.94	84.38
≥10000	25	26.32	100	10	15.63	100
合计	95	100		64	100	

第7章 农村家庭经济状况

7.1 家庭收入

统计调查显示，西部农村汉族居民家庭年收入是 37217 元，方差是 60853 元；少数民族居民相应的家庭年收入是 29456 元，方差是 46523 元。汉族居民的家庭年平均收入显著高于少数民族居民家庭，但其家庭年收入的方差也大于少数民族居民家庭，说明汉族居民家庭年收入的变化更大。详见表 7－1。

表 7－1	总体收入情况	
	少数民族	汉族
均值	29456	37217
方差	46523	60853
样本数量	2321	1602

表 7－2 更加详细地描述了西部农村居民家庭年收入的分位数分布情况。从表 7－2 中可以看出，汉族居民的家庭年收入在各个分位数上均大于少数民族居民的家庭年收入。

表 7－2	居民家庭年收入分位数分布	
分位数	少数民族	汉族
1%	1780	2000
5%	3000	3400
25%	10000	10000
50%	20000	20180

分位数	少数民族	汉族
75%	36000	40000
99%	153600	300000
样本数量	1591	1425

7.1.1 家庭年收入分省市区情况

调查数据显示，内蒙古、重庆、西藏、甘肃、宁夏和新疆六省市区的家庭年均收入均低于西部十二省（市、区）的家庭年均收入水平。青海省的家庭年均收入最高，为 42216.67 元/年·户；而西藏的家庭年均收入最低，为 15812.36 元/年·户。详见表 7 - 3。

表 7 - 3 　　　　　　西部农村十二省（市、区）家庭年收入

省（市、区）	家庭年收入（元/年·户）	标准差	排序
内蒙古	25206.62	25330.04	9
广西	34684.48	35589.83	5
重庆	24065.89	45289.98	10
四川	37770.28	77383.07	3
贵州	40953.42	46024.44	2
云南	32319.44	46290.30	6
西藏	15812.36	12073.88	12
陕西	36188.00	43226.86	4
甘肃	27756.55	49665.39	7
青海	42216.67	58495.51	1
宁夏	26377.25	41603.62	8
新疆	17718.21	19841.06	11

7.1.2 家庭年平均收入分民族情况

调查数据显示，各民族家庭年收入存在较大差异。其中，鄂温克族受访人群的家庭年收入最高，为 76000 元；阿昌族受访人群的家庭年收入最低，为 3000 元[1]；汉族的家庭年收入为 36318.58 元。详见表 7 - 4。

---

　[1]　其中阿昌族、保安族、鄂伦春族、柯尔克孜族、乌孜别克族、东乡族因为只有 1 户样本，所以标准差为 0。由于这些民族在调查样本中出现的人数较少，因此这些数据可能不具有代表性，仅作为参考。

表 7 - 4　　　　　　　　　各个民族家庭年平均收入

民族	家庭平均年收入（元/年·户）	标准差
维吾尔族	12631.02	15961.47
京族	15325.00	23315.71
藏族	18539.48	18555.25
彝族	19468.89	22145.45
苗族	21416.67	19529.28
拉祜族	21444.44	14116.22
土家族	24177.08	46041.07
回族	25320.25	32003.14
独龙族	25375.00	24587.85
白族	25500.00	16462.08
仡佬族	28889.09	34550.00
傣族	29672.22	35850.83
满族	30000.00	26457.51
壮族	34299.24	34959.01
羌族	35179.07	47231.89
汉族	36318.58	60376.30
佤族	36666.67	18929.69
布依族	39514.44	35315.99
撒拉族	43072.63	60451.22
蒙古族	66790.32	211417.50
鄂温克族	76000.00	19798.99

7.1.3　家庭收入构成的分省（市、区）情况

调查数据显示，西部地区农户家庭收入的主要来源为农林牧渔生产，占家庭总收入的 34.68%。而根据各省市区的具体情况，农户家庭收入构成略有不同。其中，内蒙古、贵州、陕西、宁夏和新疆五省（市、区）的农户家庭收入主要来源于本地工资，其本地工资收入分别占家庭总收入的 36.45%、62.96%、60.26%、30.99% 和 32.19%；而重庆和青海两省市的农户家庭收入主要来源于外地工资收入，其外地工资收入分别占家庭总收入的 26.80%、

29.73%；广西、四川、云南、西藏和甘肃五省（区）的农户家庭收入主要来源于农林牧渔生产，其农林牧渔生产收入分别占家庭总收入的52.32%、52.97%、65.97%、39.71%和59.70%。详见表7-5。

表7-5　　　　　　　　　各省（市、区）家庭收入的构成情况

		家庭各项收入（元/年·户）					
		农林牧渔	工商业	本地工资	外地工资	租金	其他
总体	数额	10923.35	4466.86	8502.13	4715.35	703.67	2189.71
	比例	34.68%	14.18%	26.99%	14.97%	2.23%	6.95%
内蒙古	数额	3440.29	4162.92	8682.74	3681.64	1173.95	2676.15
	比例	14.44%	17.48%	36.45%	15.46%	4.93%	11.24%
广西	数额	16545.49	1965.32	6459.98	3446.26	158.40	3047.84
	比例	52.32%	6.21%	20.43%	10.90%	0.50%	9.64%
重庆	数额	6258.43	3017.57	7135.14	7850.95	726.91	4303.77
	比例	21.37%	10.30%	24.36%	26.80%	2.48%	14.69%
四川	数额	18040.35	3645.77	4973.91	4560.70	351.71	2488.41
	比例	52.97%	10.70%	14.60%	13.39%	1.03%	7.31%
贵州	数额	1866.56	7108.16	19268.06	1775.64	82.56	501.81
	比例	6.10%	23.23%	62.96%	5.80%	0.27%	1.64%
云南	数额	15792.90	3502.74	2448.82	570.73	1499.90	123.74
	比例	65.97%	14.63%	10.23%	2.38%	6.27%	0.52%
西藏	数额	10776.69	3344.68	2671.43	5696.36	868.00	3779.25
	比例	39.71%	12.33%	9.84%	20.99%	3.20%	13.93%
陕西	数额	5261.34	2817.11	17137.85	2107.67	397.25	720.77
	比例	18.50%	9.90%	60.26%	7.41%	1.40%	2.53%
甘肃	数额	14652.25	3225.35	4559.80	1025.09	128.62	953.00
	比例	59.70%	13.14%	18.58%	4.18%	0.52%	3.88%
青海	数额	4252.59	24766.72	21937.71	26427.86	6779.30	4724.99
	比例	4.78%	27.86%	24.68%	29.73%	7.63%	5.32%
宁夏	数额	8511.17	1201.00	9905.02	7003.49	618.78	4724.99
	比例	26.63%	3.76%	30.99%	21.91%	1.94%	14.78%
新疆	数额	4558.82	5718.58	8760.83	2437.50	331.03	5405.78
	比例	16.75%	21.01%	32.19%	8.96%	1.22%	19.87%

7.1.4　家庭收入构成的分民族情况

调查数据显示,汉族农户从事农林牧渔生产获得的收入占家庭总收入的40.55%,大幅度高于少数民族农户从事农林牧渔生产获得的收入占家庭总收入的比例29.68%;汉族农户的本地工资收入占家庭总收入的29.73%,小幅度高于少数民族农户的本地工资收入占家庭总收入的比例24.42%;而汉族农户的外地工资收入占家庭总收入的8.33%,大幅度低于少数民族农户外地工资收入占家庭总收入的比例20.76%。详见表7-6。

表 7-6　　　　　　　　　汉族与少数民族家庭收入的构成情况

		家庭各项收入（元/年·户）					
		农林牧渔	工商业	本地工资	外地工资	租金	其他
少数民族	数额	9394.95	4464.04	7729.25	6570.31	898.70	2593.64
	比例	29.68%	14.10%	24.42%	20.76%	2.84%	8.19%
汉族	数额	12776.11	4469.75	9366.94	2626.02	507.36	1762.75
	比例	40.55%	14.19%	29.73%	8.33%	1.61%	5.59%

7.2　家庭支出

调查数据显示,2962[①]个农村家庭样本的家庭年均支出为27724.87元,中位数为19000元,标准差为35219.31。详见表7-7。

表 7-7　　　　　　　　　　　总体支出情况

	家庭年平均支出（元/年·户）	标准差	中位数	最小值	最大值
总体	27724.87	35219.31	19000	0	440120

7.2.1　家庭年支出分省（市、区）情况

调查数据显示,贵州、青海、甘肃、四川、宁夏五省（市、区）的家庭年均支出高于西部十二省（市、区）的总体家庭年均支出水平,表现出各省

---

① 样本2962与第一部分的样本总量有差异,是剔除未回答支出问题的无效样本而获得。

市农村家庭支出存在差异。宁夏省的家庭年均支出位居西部十二省（市、区）的首位，为41619.14元；西藏的家庭年均支出位列末位，为8519.78元。详见表7-8。

表7-8 西部十二省（市、区）家庭年均支出情况

省（市、区）	家庭年平均支出（元/年·户）	标准差	排序
内蒙古	21342.10	18643.02	9
广西	23868.86	20713.52	6
重庆	19334.23	19725.66	10
四川	31711.08	42134.48	3
贵州	29247.39	29389.65	4
云南	22059.87	27975.32	8
西藏	8519.78	7805.85	12
陕西	23682.54	23398.52	7
甘肃	28557.90	39898.88	5
青海	37154.11	49087.27	2
宁夏	41619.14	52311.62	1
新疆	18350.00	20420.63	11

7.2.2 家庭年支出分民族情况

调查数据显示，朝鲜族农户的家庭年均支出最低，为3000元[①]；回族农户的家庭年平均支出最高，为44202.82元；汉族家庭年均支出为29939.56元。详见表7-9。

表7-9 各民族家庭年均支出情况

民族	家庭年平均支出（元/年·户）	标准差
白族	5800.00	8007.50
维吾尔族	11757.69	8716.29
拉祜族	13728.57	8046.68
傣族	18148.00	8963.30

---

① 其中阿昌族、朝鲜族、鄂温克族、鄂伦春族、柯尔克孜族、乌孜别克族、东乡族因为只有1户样本，所以标准差为0。由于这些民族在调查样本中出现的人数较少，因此这些数据可能不具有代表性，仅作为参考。

民族	家庭年平均支出（元/年·户）	标准差
独龙族	18887.50	10159.59
土家族	19320.58	19734.26
藏族	21586.75	20672.19
彝族	21866.94	22814.84
仡佬族	21997.27	23852.98
苗族	23365.79	33149.17
壮族	23740.62	20813.28
佤族	24566.67	12155.79
布依族	25074.90	21048.37
蒙古族	29866.42	17180.43
汉族	29939.56	39599.91
羌族	30294.81	37438.82
京族	30500.00	33563.52
撒拉族	38120.14	50829.39
满族	39666.67	52538.87
回族	44202.82	51776.43

7.2.3　家庭支出构成的分地区情况

调查数据显示，家庭年支出中的基本生活开支占比最高，为 34.87%。排位第二、第三、第四、第五的家庭支出构成依次是医疗、工商业投入、农业生产投入、教育支出，占比分别为 20.75%、15.05%、10.23% 和 10.05%。详见表 7 – 10。

表 7 – 10　　　　　　　各省（市、区）家庭支出的构成情况

		家庭各项支出（元/年·户）					
		基本生活	农业生产	教育	医疗	工商业	其他
总体	数额	11002.52	3227.59	3172.04	6548.37	4748.28	2855.03
	比例	34.87%	10.23%	10.05%	20.75%	15.05%	9.05%

		家庭各项支出（元/年·户）					
		基本生活	农业生产	教育	医疗	工商业	其他
内蒙古	数额	11596.24	499.43	2105.88	6366.86	4242.32	812.85
	比例	45.26%	1.95%	8.22%	24.85%	16.56%	3.17%
广西	数额	11275.41	4320.01	2538.93	5841.11	494.41	500.38
	比例	45.16%	17.30%	10.17%	23.39%	1.98%	2.00%
重庆	数额	6160.79	1832.89	2938.22	6753.21	6478.06	4865.21
	比例	21.22%	6.31%	10.12%	23.26%	22.32%	16.76%
四川	数额	12381.43	5236.41	3953.66	2993.15	2716.83	1343.47
	比例	43.25%	18.29%	13.81%	10.46%	9.49%	4.69%
贵州	数额	17246.29	1074.02	3686.24	3873.95	10430.03	1452.69
	比例	45.67%	2.84%	9.76%	10.26%	27.62%	3.85%
云南	数额	5785.94	3095.94	2336.07	1574.15	5543.49	2672.86
	比例	27.54%	14.74%	11.12%	7.49%	26.39%	12.72%
西藏	数额	5345.07	1571.43	1460.61	3298.40	955.00	867.49
	比例	39.60%	11.64%	10.82%	24.44%	7.08%	6.43%
陕西	数额	12188.46	3040.44	3836.93	3596.00	1297.90	211.31
	比例	50.43%	12.58%	15.87%	14.88%	5.37%	0.87%
甘肃	数额	8757.67	4545.44	3201.28	8194.13	5318.51	3483.32
	比例	26.14%	13.57%	9.56%	24.46%	15.88%	10.40%
青海	数额	14116.69	1158.36	3168.37	11398.67	11982.96	7392.99
	比例	28.68%	2.35%	6.44%	23.16%	24.35%	15.02%
宁夏	数额	12715.57	4167.96	3418.78	12681.75	9490.91	11605.79
	比例	23.51%	7.71%	6.32%	23.45%	17.55%	21.46%
新疆	数额	8163.82	415.38	2033.71	6343.82	1500.00	1080.00
	比例	41.79%	2.13%	10.41%	32.47%	7.68%	5.53%

7.2.4 家庭支出构成的分民族情况

调查数据显示，汉族和少数民族家庭的基本生活开支是家庭总支出中占比最大的构成，分别为38.55%和40.16%；汉族家庭的农业生产投入占家庭总支出的12.12%，略高于少数民族家庭的农业生产投入占家庭总支出的比例10.27%；汉族家庭的工商业投入占家庭总支出的15.32%，较大幅度高于少数民族家庭的工商业投入占家庭总支出的比例9.57%；而汉族家庭的教育支出占家庭总支出的10.56%，略低于少数民族家庭的教育支出占家庭总支出的比例 11.81%；汉族家庭的医疗支出占家庭总支出的 18.60%，较大幅度低于少数民族家庭的医疗支出占家庭总支出的比例 20.84%。详见表 7 - 11。

表 7 - 11   汉族与少数民族家庭支出构成情况

| | | 家庭支出（元/年·户） | | | | | |
		基本生活	农业生产	教育	医疗	工商业	其他
汉族	数额	13300.29	4182.45	3644.82	6416.85	5286.89	1668.45
	比例	38.55%	12.12%	10.56%	18.60%	15.32%	4.84%
少数民族	数额	10271.37	2627.56	3020.11	5330.7	2446.39	1878.09
	比例	40.16%	10.27%	11.81%	20.84%	9.57%	7.34%

7.3 基尼系数

基尼系数是衡量居民收入分配差异的重要指标。调研结果显示，西部农村家庭中，西藏的基尼系数[①]为 0.39，其收入分配相对合理，其他十一个省（市、区）的基尼系数均高于 0.4。其中，陕西、甘肃、广西、宁夏、重庆这五个省（市、区）的基尼系数介于 0.4 和 0.5 之间，表示这五个省（市、区）农村的农民收入分配差距较大；内蒙古、云南、青海、贵州、四川、新疆这六个省（市、区）的基尼系数高于 0.5，表示这六个省（市、区）农村的农民收入差距悬殊。各个省市区的具体基尼系数见表 7 - 12。

表 7 - 12   西部地区的基尼系数分布情况

省（市、区）	基尼系数
西藏	0.39
陕西	0.44
甘肃	0.46
广西	0.47
宁夏	0.48
重庆	0.49
内蒙古	0.51
云南	0.51

---

① 基尼系数以家庭人均年收入进行计算。

省（市、区）	基尼系数
青海	0.51
贵州	0.53
四川	0.55
新疆	0.55

　　根据调查样本，以家庭人均年收入为基础，表7－13报告了各个民族的基尼系数。① 调查发现，维吾尔族的基尼系数最高，达到了0.558，其次是汉族，达0.522，最低的是布依族，仅为0.388。详见表7－13。

表7－13　　　　　　　　各民族的基尼系数分布

民族	基尼系数
汉族	0.522
布依族	0.388
傣族	0.420
仡佬族	0.471
回族	0.502
羌族	0.417
撒拉族	0.514
土家族	0.486
维吾尔族	0.558
彝族	0.495
壮族	0.468
藏族	0.470

7.4　人均居住面积

7.4.1　人均居住面积分省市区情况

　　调查数据显示，西部农村的人均居住面积呈现出较大差异。内蒙古的人均

---

① 这里仅报告各民族户主人数在100人以上的民族内的基尼系数。

居住面积为 95.14 平方米，位列十二省（市、区）的首位；重庆、四川的人均居住面积分别为 70.99 平方米和 49.49 平方米，位列第二和第三；甘肃的人均居住面积最小，为 27.17 平方米。详见表 7 - 14。

表 7 - 14　　　　　　　　　人均居住面积分布

省（市、区）	人均居住面积（平方米）
内蒙古	95.14
广西	48.30
重庆	70.99
四川	49.49
贵州	45.40
云南	28.88
西藏	31.45
陕西	48.04
甘肃	27.17
青海	37.43
宁夏	39.08
新疆	34.57

7.4.2　人均居住面积分民族情况

调查数据显示，景颇族农户以 560 平方米的人均居住面积[①]位列各民族首位；鄂伦春族和柯尔克孜族农户以 16.67 平方米的人均居住面积位居末位；汉族农户的人均居住面积为 50.09 平方米。详见表 7 - 15。

表 7 - 15　　　　　　　各民族人均居住面积分布

民族	人均居住面积（平方米）
汉族	50.09
少数民族	42.57
阿昌族	24.00
白族	18.70
保安族	233.33

---

① 由于景颇族在调查样本中出现的人数较少，因此这些数据可能不具有代表性，仅作为参考。

续表

民族	人均居住面积（平方米）
布依族	41.90
朝鲜族	53.33
傣族	30.03
东乡族	28.18
独龙族	98.38
鄂温克族	28.47
鄂伦春族	16.67
仡佬族	28.27
回族	40.16
京族	35.96
景颇族	560.00
柯尔克孜族	16.67
拉祜族	28.74
满族	24.64
蒙古族	43.13
苗族	36.30
仡佬族	32.86
羌族	45.05
撒拉族	37.75
土家族	71.47
佤族	22.94
维吾尔族	34.61

7.5 城镇住房拥有率

调查数据显示，5808[①] 个样本户农村家庭中，拥有城镇住房的农户有 256 户。农村家庭城镇住房拥有率可达 4.41%。见表 7-16。

表 7-16　　　　　　　　　农村家庭中城镇住房拥有情况

	样本量（户）	拥有率（%）
拥有城镇住房	256	4.41
不拥有城镇住户	5552	95.59
合计	5808	100.00

---

① 样本总量 5808 是剔除未回答是否拥有城镇住房问题的无效样本而获得的。

7.5.1　城镇住房拥有率的分省（市、区）情况

调查数据显示，新疆农户的城镇住房拥有率可达到 5.71%，位列西部十二省首位；青海、四川省分别以 5.58%、5.56%，城镇住房拥有率位列第二和第三；西藏农户的城镇住房拥有率最低，仅为 0.89%。详见表 7 – 17。

表 7 – 17　　　　　　各省（市、区）城镇住房拥有率分布情况

省（市、区）	城镇住房拥有率（%）
内蒙古	5.33
广西	3.63
重庆	3.59
四川	5.56
贵州	3.85
云南	3.27
西藏	0.89
陕西	5.08
甘肃	4.07
青海	5.58
宁夏	2.80
新疆	5.71

7.5.2　城镇住房拥有率的分民族情况

调查数据显示，羌族农户以 10.93% 的城镇住房拥有率位列各民族首位。其次是城镇住房拥有率为 5.66% 的撒拉族农户和城镇住房拥有率为 5.22% 的汉族农户。此外，傣族农户的城镇住房拥有率最低，仅为 0.86%。详见表 7 – 18。

表 7 – 18　　　　　　各民族城镇住房拥有率分布情况

民族	城镇住房拥有率（%）
汉族	5.22
布依族	1.42
傣族	0.86
仡佬族	3.36
回族	4.78

民族	城镇住房拥有率（%）
蒙古族	2.50
苗族	2.00
羌族	10.93
撒拉族	5.66
土家族	3.85
维吾尔族	1.78
彝族	1.82
壮族	3.60
藏族	2.52

7.6 车辆拥有率

调查显示，在调查的 5834[①] 户样本中，拥有车辆的家庭有 3083 户。西部十二省农村家庭的车辆拥有率可达 52.85%。详见表 7 - 19。

表 7 - 19 　　　　　　　　农户车辆拥有情况

	样本量（户）	车辆拥有率（%）
拥有车辆	3083	52.85
不拥有车辆	2751	47.15
合计	5834	100.00

7.6.1 车辆拥有率的分省情况

调查数据显示，云南省以 90.11% 的车辆拥有率位列西部十二省（市、区）首位；贵州和宁夏回族自治区的车辆拥有率分别为 66.74% 和 65.32%，位居第二和第三；新疆的车辆拥有率最低，仅为 24.56%。详见表 7 - 20。

表 7 - 20 　　　　　　各省（市、区）车辆拥有率的分布情况

省（市、区）	车辆拥有率（%）
内蒙古	36.61
广西	64.05

---

① 样本 5834 与第一部分的样本总量有差异，是由总样本去掉无效样本即针对是否拥有车辆问题回答的样本总量获得。

省（市、区）	车辆拥有率（%）
重庆	32.16
四川	50.04
贵州	66.74
云南	90.11
西藏	58.95
陕西	37.86
甘肃	49.30
青海	54.75
宁夏	65.32
新疆	24.56

7.6.2　车辆拥有率的分民族情况

调查显示，西部十二省市、区受访人群中仡佬族的车辆拥有率最高，可达89.92%；其次为傣族、拉祜族，车辆拥有率分别为89.66%、85.00%；汉族的车辆拥有率为49.66%。详见表7－21。

表7－21　　　　　　　　各民族车辆拥有率分布情况

民族	车辆拥有率（%）
汉族	49.66
白族	42.86
布依族	64.08
傣族	89.66
东乡族	50.00
独龙族	28.57
仡佬族	89.92
回族	65.79
京族	33.33
拉祜族	85.00
满族	75.00
蒙古族	70.73
苗族	76.00
羌族	35.83
撒拉族	55.33

民族	车辆拥有率（%）
土家族	33.05
佤族	33.33
维吾尔族	25.44
彝族	53.63
壮族	63.85
藏族	57.09

7.7 家电拥有率

调查结果显示，大部分农村家庭具备日常生活所需的基本家电。其中，95.80%的家庭拥有电视机，80.59%的家庭拥有电饭煲，74.57%的家庭拥有洗衣机，72.36%的家庭拥有电冰箱。而空调、电脑的拥有率分别为9.00%和20.54%，说明这两样家电在西部农村还没有普遍使用。详见表7-22。

表7-22   家电拥有情况

家电	拥有率（%）
电视	95.80
电冰箱	72.36
洗衣机	74.57
空调	9.00
电饭煲	80.59
电脑	20.54

7.7.1 家电拥有率的分省市区情况

西部各省（市、区）拥有的家用电器的比例如表7-23所示。其中，电视机拥有率最高的省份为甘肃，其拥有率为98.80%；电视机拥有率最低的省市为重庆，其拥有率为91.80%。电冰箱拥有率最高的省份为新疆，其拥有率为91.55%；电冰箱拥有率最低的省份为西藏，其拥有率为36.64%。洗衣机拥有率最高的省份为新疆，其拥有率为90.49%；洗衣机拥有率最低的省份为西藏，其拥有率为44.83%。空调拥有率最高的省份为西藏，其拥有率为

46.38%；空调拥有率最低的省份为广西，其拥有率为 2.05%。电饭煲拥有率最高的省份为贵州，其拥有率为 94.01%；电饭煲拥有率最低的省份为青海，其拥有率为 32.95%。电脑拥有率最高的省份为陕西，其拥有率为 42.27%；电脑拥有率最低的省份为西藏，其拥有率为 2.60%。

表 7 - 23　　　　　　　　　　各省（市、区）家电拥有情况

拥有率（%）	家用电器					
	电视	电冰箱	洗衣机	空调	电饭煲	电脑
内蒙古	98.57	75.87	75.87	23.25	82.21	21.27
广西	94.85	76.70	47.53	2.05	92.78	27.01
重庆	91.80	64.34	69.88	6.10	80.12	12.94
四川	93.55	58.62	72.15	9.76	84.35	18.63
贵州	96.22	83.81	85.37	2.58	94.01	41.24
云南	97.63	86.45	61.72	2.59	92.04	17.20
西藏	97.41	36.64	44.83	46.38	54.74	2.60
陕西	98.31	75.60	89.86	2.40	78.99	42.27
甘肃	98.80	79.16	87.98	6.62	78.56	11.42
青海	95.46	80.27	88.66	2.12	32.95	16.89
宁夏	94.28	69.28	78.39	2.82	90.89	13.77
新疆	98.59	91.55	90.49	2.52	85.92	17.61

7.7.2　家电拥有的分民族情况

各民族拥有家用电器的具体比例如表 7 - 24 所示。少数民族家庭在电视、电冰箱、洗衣机、空调、电饭煲、电脑这六类家用电器上的拥有率普遍低于汉族家庭。其中，阿昌族、保安族、朝鲜族、东乡族、独龙族、鄂温克族、鄂伦春族、景颇族、柯尔克孜族、拉祜族、满族、仡佬族、佤族、乌孜别克族、瑶族由于采访的样本数较少，其家电拥有率出现为 0 和 100% 的情况。

表 7 - 24　　　　　　　　　　各个民族家电拥有情况

拥有率（%）	家用电器					
	电视	电冰箱	洗衣机	空调	电饭煲	电脑
汉族	97.92	77.20	84.51	11.79	85.26	25.31
少数民族	94.23	68.59	66.98	6.87	76.96	16.77

拥有率（%）	家用电器					
	电视	电冰箱	洗衣机	空调	电饭煲	电脑
阿昌族	100.00	100.00	100.00	0.00	100.00	0.00
白族	71.43	85.71	71.43	14.29	57.14	14.29
保安族	50.00	50.00	50.00	0.00	100.00	50.00
布依族	95.77	81.69	85.51	7.75	95.77	38.73
朝鲜族	100.00	100.00	100.00	0.00	100.00	0.00
傣族	99.14	91.38	66.38	2.59	89.93	14.66
东乡族	100.00	100.00	100.00	0.00	100.00	0.00
独龙族	100.00	100.00	85.71	0.00	86.71	0.00
鄂温克族	100.00	100.00	100.00	66.67	100.00	66.67
鄂伦春族	100.00	0.00	0.00	0.00	100.00	0.00
仡佬族	94.96	83.19	57.98	2.52	92.44	14.29
回族	91.84	70.79	78.42	2.11	89.21	14.21
京族	83.33	66.67	50.00	0.00	83.33	0.00
景颇族	100.00	100.00	100.00	0.00	100.00	0.00
柯尔克孜族	100.00	100.00	0.00	0.00	100.00	0.00
拉祜族	100.00	70.00	45.00	0.00	95.00	0.00
满族	100.00	75.00	75.00	0.00	100.00	25.00
蒙古族	97.56	73.17	92.68	9.76	90.24	22.50
苗族	98.00	60.00	78.00	8.00	90.00	24.00
仫佬族	100.00	0.00	100.00	0.00	0.00	0.00
羌族	95.72	89.30	89.30	12.83	92.51	31.72
撒拉族	95.54	80.46	89.34	6.39	31.46	17.09
土家族	92.52	64.74	70.03	1.92	79.49	13.28
佤族	100.00	33.33	66.67	0.00	100.00	0.00
维吾尔族	99.42	94.15	92.98	2.92	83.04	13.45
乌孜别克族	100.00	100.00	66.67	0.00	66.67	0.00
瑶族	100.00	100.00	100.00	0.00	100.00	100.00
彝族	87.56	29.53	34.46	2.33	69.95	6.49
壮族	94.73	76.79	47.37	23.10	92.41	24.58
藏族	97.89	43.31	52.11	2.46	38.03	5.67

7.8 农机设备拥有率

调查结果显示，西部农村家庭的拖拉机和抽水机的拥有率分别为 23.83%

和 13.22%。除此之外，农户拥有其他农机设备的比例较低，均不足 10%。其中，渔业机械的拥有率仅为 0.46%。详见表 7 - 25。

表 7 - 25　　　　　　　　　　　农机设备拥有率

农机设备	拥有率（%）
拖拉机	23.83
脱粒机	7.01
动力播种机	1.97
收割机	2.20
抽水机	13.22
畜牧业机	1.41
林业机械	1.26
渔业机械	0.46

7.8.1　农机设备拥有率的分省市区情况

西部各省市区拥有农机设备的具体比例如表 7 - 26 所示。其中，拖拉机拥有率最高的省份为甘肃，其拥有率为 68.14%；拖拉机拥有率最低的省份为新疆，其拥有率为 1.06%。脱粒机拥有率最高的省市为重庆，其拥有率为 20.90%；新疆的脱粒机拥有率最低为 0.00。动力播种机拥有率最高的省份为贵州，其拥有率为 4.23%；新疆的动力播种机拥有率最低为 0.00。抽水机拥有率最高的省份为宁夏，其拥有率为 32.69%；抽水机拥有率最低的省份为西藏，其拥有率为 0.86%。畜牧业机械拥有率最高的省份为四川，其拥有率为 2.57%；陕西省的畜牧业机械拥有率最低为 0.00。林业机械拥有率最高的省份为广西，其拥有率为 3.71%；新疆、内蒙古和重庆的林业机械拥有率均为 0.00。渔业机械拥有率最高的省份为广西，其拥有率为 1.24%；内蒙古、重庆、西藏、陕西、甘肃、宁夏和新疆的渔业机械拥有率均为 0.00。

表 7 - 26　　　　　　　　各省（市、区）农机设备拥有率

拥有率（%）	农机设备							
	拖拉机	脱粒机	动力播种机	收割机	抽水机	畜牧业机械	林业机械	渔业机械
内蒙古	8.18	1.23	1.23	0.82	5.11	0.41	0.00	0.00

拥有率 （%）	农机设备							
	拖拉机	脱粒机	动力播 种机	收割机	抽水机	畜牧业机械	林业机械	渔业机械
广西	22.02	4.53	1.03	2.27	8.87	2.47	3.71	1.24
重庆	3.28	20.90	4.10	4.92	18.03	0.82	0.00	0.00
四川	13.29	7.18	2.22	1.77	19.08	2.57	2.93	1.15
贵州	7.14	20.89	4.23	8.89	22.72	0.90	1.37	0.68
云南	64.09	15.70	0.22	0.00	5.81	1.08	1.51	0.65
西藏	56.90	2.59	1.72	5.60	0.86	1.30	0.44	0.00
陕西	3.86	0.72	0.48	0.72	7.00	0.00	0.24	0.00
甘肃	68.14	0.60	2.40	1.20	9.22	1.40	1.00	0.00
青海	28.60	1.38	2.53	0.69	8.76	0.93	0.23	0.46
宁夏	28.23	2.81	2.16	0.87	32.69	2.39	0.22	0.00
新疆	1.06	0.00	0.00	0.00	1.42	0.35	0.00	0.00

7.8.2 农机设备拥有率的分民族情况

汉族家庭的拖拉机、动力播种机、抽水机率、林业机械和渔业机械拥有率高于少数民族家庭；而少数民族家庭的脱粒机、收割机及畜牧业机械拥有率高于汉族家庭。其中，阿昌族、白族、保安族、朝鲜族、东乡族、独龙族、鄂温克族、鄂伦春族、维吾尔族、柯尔克孜族、拉祜族、满族、仡佬族、佤族、乌孜别克族、瑶族由于采访的样本数较少，其农机设备拥有率出现为 0 和 100%的情况。详见表 7-27。

表 7-27　　　　　　　　各民族农机设备拥有率

拥有率 （%）	农机设备							
	拖拉机	脱粒机	动力播 种机	收割机	抽水机	畜牧业机械	林业机械	渔业机械
汉族	23.96	5.40	2.17	1.97	13.47	1.30	1.50	0.47
少数民族	23.79	8.53	1.84	2.39	13.06	1.45	1.05	0.46
阿昌族	0.00	0.00	0.00	0.00	0.00	0.00	0.00	0.00
白族	0.00	28.57	0.00	0.00	14.29	0.00	0.00	0.00
保安族	0.00	0.00	0.00	0.00	0.00	0.00	0.00	0.00
布依族	9.86	22.54	3.55	9.15	36.17	1.45	1.47	0.73

拥有率 （%）	农机设备							
	拖拉机	脱粒机	动力播 种机	收割机	抽水机	畜牧业机械	林业机械	渔业机械
朝鲜族	0.00	0.00	0.00	100.00	0.00	0.00	0.00	0.00
傣族	77.59	21.55	0.00	0.00	5.17	0.86	1.72	1.72
东乡族	50.00	50.00	0.00	0.00	50.00	0.00	0.00	0.00
独龙族	42.86	28.57	14.29	0.00	14.29	0.00	0.00	0.00
鄂温克族	66.67	0.00	0.00	0.00	33.33	0.00	0.00	0.00
鄂伦春族	0.00	0.00	0.00	0.00	0.00	0.00	0.00	0.00
仡佬族	57.14	11.76	0.84	0.00	2.52	0.84	1.68	0.00
回族	21.33	1.07	1.07	0.80	34.04	2.69	0.54	0.00
京族	0.00	16.67	0.00	0.00	16.67	0.00	0.00	0.00
柯尔克孜族	100.00	0.00	0.00	0.00	0.00	0.00	0.00	0.00
拉祜族	70.00	20.00	0.00	0.00	5.00	0.00	0.00	0.00
满族	25.00	0.00	0.00	0.00	0.00	0.00	0.00	0.00
蒙古族	17.00	9.76	0.00	0.00	19.51	0.00	2.44	0.00
苗族	18.37	22.46	0.12	16.33	8.16	0.00	0.00	0.00
仡佬族	0.00	0.00	0.00	0.00	0.00	0.00	0.00	0.00
羌族	1.07	0.53	0.53	0.53	3.74	0.53	1.07	0.53
撒拉族	29.67	1.54	2.57	0.51	7.99	0.78	0.26	0.52
土家族	3.21	20.30	4.06	4.49	17.95	0.85	0.00	0.00
佤族	16.67	0.00	0.00	0.00	0.00	0.00	0.00	0.00
维吾尔族	0.00	0.00	0.00	0.00	0.59	0.00	0.00	0.00
彝族	28.24	9.07	1..04	1.04	10.39	2.34	1.04	0.78
壮族	22.32	4.72	1.05	2.32	8.86	2.53	3.38	1.27
藏族	48.24	4.43	2.46	4.93	5.28	1.41	0.71	0.00

7.9　工商经营

调研数据显示，西部农村家庭中从事工商业的农村家庭有 785 户，所占比例为 13.46%，其年均收入可达 55128.02 元。而未从事工商业的家庭有 5046 户，所占比例为 86.54%，其年收入远少于从事工商业的家庭，达 26952.94 元。详见表 7-28。

表 7 - 28   **从事工商业农户的基本情况对比**

	户数（户）	比例（%）	年均收入（元）
从事工商业家庭	785	13.46	55128.02
未从事工商业家庭	5046	86.54	26952.94

7.9.1 工商经营的分省市区情况

调查数据显示，西部农村家庭中贵州省从事工商业的家庭比例最高，为21.67%；其他依次为陕西、青海、新疆、宁夏、云南、四川、内蒙古、重庆、广西、甘肃；西藏从事工商业的家庭比例最低为2.16%。除了新疆未从事工商业家庭的年均收入高于从事工商业家庭的年均收入外，其他十一个省份从事工商业家庭的年均收入均高于未从事工商业家庭的年均收入。详见表7-29。

表 7 - 29   **各省（市、区）是否从事工商经营的年收入情况**

省（市、区）		户数（户）	比例（%）	年均收入（元）
内蒙古	从事工商业家庭	35	10.94	47462.86
	未从事工商业家庭	285	89.06	22473.40
广西	从事工商业家庭	21	6.00	69816.19
	未从事工商业家庭	329	94.00	32586.01
重庆	从事工商业家庭	33	7.43	43130.91
	未从事工商业家庭	411	92.57	22535.12
四川	从事工商业家庭	96	11.01	67900.63
	未从事工商业家庭	776	88.99	34138.36
贵州	从事工商业家庭	57	21.67	50582.46
	未从事工商业家庭	206	78.33	38269.20
云南	从事工商业家庭	25	13.89	67563.20
	未从事工商业家庭	155	86.11	26634.97
西藏	从事工商业家庭	4	2.16	23750.00
	未从事工商业家庭	181	97.84	15619.67
陕西	从事工商业家庭	53	20.78	54406.04
	未从事工商业家庭	202	79.22	31408.02
甘肃	从事工商业家庭	15	5.07	60420.00
	未从事工商业家庭	281	94.93	26012.95
青海	从事工商业家庭	58	17.37	79090.14
	未从事工商业家庭	276	82.63	34363.84
宁夏	从事工商业家庭	61	14.52	54093.48
	未从事工商业家庭	359	85.48	21885.92
新疆	从事工商业家庭	13	16.67	16266.92
	未从事工商业家庭	65	83.33	18008.46

7.9.2　工商经营的分民族情况

调查数据显示，西部农村家庭中汉族家庭从事工商业的有 352 户，比例为 14.49%，年均收入为 62141.19 元；少数民族家庭从事工商业的有 359 户比例为 12.58%，低于汉族家庭从事工商业的比例，年均收入为 52598.71 元。详见表 7 – 30。

表 7 – 30　　　　汉族与少数民族是否从事工商经营的年收入情况

		户数	比例（%）	年均收入（元）
汉族家庭	从事工商业家庭	352	14.49	62141.19
	未从事工商业家庭	2077	85.51	30856.6
少数民族家庭	从事工商业家庭	359	12.58	52598.71
	未从事工商业家庭	2495	87.42	25177.08

调查发现，从事工商业与未从事工商业的汉族家庭和少数民族家庭的年均收入差距明显。从事工商业的汉族家庭年均收入为 62141.19 元，而未从事工商业的汉族家庭年均收入仅为 30856.60 元；从事工商业的少数民族家庭年均收入为 52598.71 元，而未从事工商业的少数民族家庭年均收入仅为 25177.08 元。详见图 7 – 1。

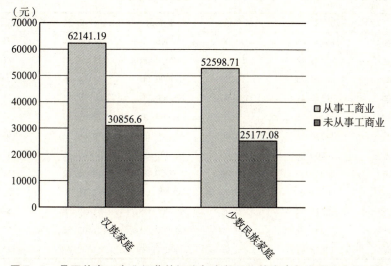

图 7 – 1　是否从事工商业经营的汉族与少数民族的家庭年均收入水平对比

7.10 金融性资产

7.10.1 家庭存款

调查数据显示，西部农村中没有存款的家庭占总样本的 78.96%。拥有存款的家庭，其家庭存款均值为 36020.68 元，标准差为 113823.30 元。详见表 7-31。

表 7-31　　　　　　　　　　　　家庭存款情况

样本数量（户）	平均存款（元）	最小值	最大值	标准差
974	36020.68	5.00	2200000.00	113823.30

7.10.1.1 家庭存款的分省市区情况

西部农村家庭的存款水平存在较大差异。其中，青海省农户的家庭平均存款可达到 70838.47 元，位居首位；西藏农户的家庭平均存款可达到 11400 元，位列末位。详见表 7-32。

表 7-32　　　　　　　　各省（市、区）家庭存款情况

省（市、区）	平均存款（元）	最小值	最大值	标准差	样本数量（户）
西藏	11400.00	1000.00	40000.00	11434.60	25
宁夏	17243.44	13.00	200000.00	33126.58	86
云南	17346.25	10.00	100000.00	23784.06	24
甘肃	21379.49	300.00	100000.00	23799.12	39
内蒙古	23268.78	9.00	120000.00	25969.35	83
广西	24236.36	300.00	150000.00	30269.03	99
新疆	24600.00	4000.00	100000.00	30107.95	10
重庆	28048.53	85.00	330000.00	43366.12	139
四川	38455.08	40.00	2200000.00	162386.70	191
陕西	48315.12	200.00	600000.00	81659.78	86
贵州	51223.38	200.00	1000000.00	121403.40	77
青海	70838.47	5.00	2000000.00	211389.20	115

7.10.1.2 家庭存款的分民族情况

汉族农户的平均家庭存款为 35459.79 元，低于西部十二省（市、区）农村家庭存款的总体平均水平；少数民族农户的平均家庭存款为 36656.34 元，高于总体平均水平。调查数据显示，20 个民族拥有家庭存款。按照平均家庭存款水平由低到高排列分别是拉祜族、保安族、傣族、维吾尔族、东乡族、独龙族、景颇族、仡佬族、羌族、回族、藏族、彝族、水族、壮族、土家族、汉族、布依族、鄂温克族、撒拉族、蒙古族。其中，家庭存款最少的拉祜族与家庭存款最多的蒙古族的家庭存款均值分别是 300.00 元和 167077.90 元。详见表 7 – 33。

表 7 – 33 各民族家庭存款情况

	平均存款（元）	最小值	最大值	标准差	样本数量（户）
汉族	35459.79	9.00	1000000.00	71789.79	403
少数民族	36656.34	5.00	2200000.00	136632.40	565
拉祜族	300.00	300.00	300.00	0.00	1
保安族	1000.00	1000.00	1000.00	0.00	1
傣族	6000.00	2000.00	10000.00	5656.85	2
维吾尔族	6666.67	5000.00	10000.00	2886.75	3
东乡族	10000.00	10000.00	10000.00	0.00	1
独龙族	10000.00	10000.00	10000.00	0.00	1
景颇族	10000.00	10000.00	10000.00	0.00	1
仡佬族	12301.00	10.00	50000.00	14321.13	10
羌族	14321.43	500.00	100000.00	25959.74	14
回族	15810.10	13.00	200000.00	29478.60	62
藏族	17806.45	1000.00	100000.00	24754.02	31
彝族	19323.33	200.00	80000.00	22115.68	30
水族	22719.51	1000.00	70000.00	20478.05	41
壮族	24632.99	300.00	150000.00	30532.71	97
土家族	28732.03	1000.00	330000.00	44410.83	128
汉族	35459.79	9.00	1000000.00	71789.14	403
布依族	40142.86	2000.00	200000.00	56167.86	21
鄂温克族	60000.00	60000.00	60000.00	0.00	1
撒拉族	75201.93	5.00	2000000.00	219633.40	106
蒙古族	167077.90	90.00	2200000.00	585214.80	14

7.10.2 家庭借出款

7.10.2.1 家庭借出款水平

西部农村家庭中，没有借出款的家庭占总样本的 92.14%。拥有借出款的家庭，其家庭借出款均值为 26450.76 元，标准差为 50790.06。其中，汉族家庭的平均借出款为 29310.19 元，高于总体平均水平；少数民族家庭的平均借出款为 24610.66 元，低于总体平均水平。详见表 7 - 34。

表 7 - 34 家庭借出款情况

	平均借出款（元）	最小值	最大值	标准差	样本数量（户）
汉族	29310.19	500.00	500000.00	53518.85	162
少数民族	24610.66	5.00	400000.00	49226.02	235
总体	26450.76	5.00	500000.00	50790.06	401

7.10.2.2 家庭借出款利率

调研数据显示，拥有家庭借出款的家庭中，借出款利率为 0 的家庭在总样本中占比 95.31%，家庭借出款的平均利率为 0.32%[①]，标准差为 1.66。汉族家庭借出款的平均利率为 0.34%，高于总体平均水平；少数民族家庭借出款的平均利率为 0.30%，低于总体平均水平。详见表 7 - 35。

表 7 - 35 家庭借出款利率情况

	借出款利率（%）	最小值	最大值	标准差	样本数量（户）
汉族	0.34	0.00	12.00	1.79	174
少数民族	0.30	0.00	10.00	1.54	210
总体	0.32	0.00	12.00	1.66	384

表 7 - 36 描述了各地区农村家庭的借出款利率情况。其中，重庆、陕西、青海、宁夏、新疆五省（市、区）农村家庭的借出款利率为 0；西藏农村家庭的借出款利率在西部十二省（市、区）中最高，可达 1.67%。详见表 7 - 36。

---

① 借出款平均利率并未去掉利率为 0 的情况，并且后面的数据也遵循这一情况

表 7 - 36 西部地区家庭借出款利率情况

省（市、区）	借出款利率（%）	标准差
内蒙古	0.86	3.21
广西	0.76	2.41
重庆	0.00	0.00
四川	0.42	1.76
贵州	0.61	2.38
云南	0.29	1.69
西藏	1.67	4.08
陕西	0.00	0.00
甘肃	0.19	0.78
青海	0.00	0.00
宁夏	0.00	0.00
新疆	0.00	0.00

7.10.2.3　家庭借出款对象

　　拥有家庭借出款的农村家庭中，家庭借出款的对象有 70.29% 是亲属，有 26.83% 是朋友。汉族农村家庭借出款的对象中有 70.08% 是亲属，26.38% 是朋友；少数民族农村家庭借出款的对象中有 70.56% 是亲属，27.41% 是朋友。无论汉族还是少数民族家庭，其家庭借出款极少借给企业等其他对象。详见表 7 - 37。

表 7 - 37 借出款对象的分布情况

		借出对象			
		企业	亲属	朋友	通过中间人介绍
总体	人数	5	317	121	8
	比例	1.11%	70.29%	26.83%	1.77%
汉族	人数	3	178	67	6
	比例	1.18%	70.08%	26.38%	2.36%
少数民族	人数	2	139	54	2
	比例	1.02%	70.56%	27.41%	1.02%

7.11 家庭负债

7.11.1 家庭负债水平

西部农村家庭中没有负债的家庭在总样本中占比 1.52%，拥有负债的家庭的平均负债金额为 36563.17 元，标准差为 62369.17。其中，汉族家庭的平均负债金额为 43689.16 元，高于总体平均水平；少数民族家庭的平均负债金额为 31774.76 元，低于总体平均水平。详见表 7 – 38。

表 7 – 38　　　　　　　　　　　家庭借入款情况

	平均负债金额（元）	最小值	最大值	标准差	样本数量（户）
汉族	43689.16	170.00	999999.00	79880.84	810
少数民族	31774.76	3.00	600000.00	46499.67	1205
总体	36563.17	3.00	999999.00	62369.17	2015

7.11.2 家庭负债来源

调研数据显示，西部农村家庭中 29.66% 的家庭负债来源于亲属，其次是信用社、银行、朋友和民间金融机构。其中，汉族家庭负债来源于亲属的比例是 31.97%，比少数民族家庭相应的比例更高；而少数民族家庭负债来源于信用社、银行贷款的比例均比汉族家庭更高。详见表 7 – 39。

表 7 – 39　　　　　　　　　　　家庭负债来源情况

	负债来源				
	银行贷款	信用社贷款	民间金融机构借款	亲戚借款	朋友借款
汉族（%）	8.77	11.17	1.34	31.97	6.04
少数民族（%）	10.50	14.41	0.84	26.41	5.85
合计（%）	9.67	13.00	1.30	29.66	5.94

调研结果显示，西部农村的负债家庭中 909 户农村家庭到期无法偿负债，占总样本的 45.12%，无法偿还的家庭负债均值为 38612.51 元，标准差为

55271.59 元。其中，汉族家庭无法偿还的家庭负债均值为 47244.97 元，高于平均水平；少数民族家庭无法偿还的家庭负债为 3355.4 元，低于平均水平。详见表 7-40。

表 7-40　　　　　　　　　　到期无法偿还的家庭负债的情况

	无法偿还的负债（元）	最小值	最大值	标准差	样本数量（户）
汉族	47244.97	400.00	650000.00	74434.53	304
少数民族	33554.14	10.00	300000.00	39245.96	520
总体	38612.51	10.00	650000.00	55271.59	824

调查数据显示，到期无法偿还负债的农村家庭，其 46.12% 的开支花费在基本生活支出上；26.60% 的开支花费在医疗支出上；11.08% 的开支花费在生产与经营上；9.02% 的开支花费在买房或修建房屋上；仅有 7.19% 的开支花费在教育上。详见表 7-41。

表 7-41　　　　　　　　　　到期无法偿还的家庭负债的原因

	到期无法偿还借款原因占比（%）					
	基本生活开支	教育	医疗	买房或修建房屋	生产	经营
少数民族	46.32	7.90	27.76	7.35	0.55	10.11
汉族	45.78	6.02	24.70	11.75	0.30	11.45
总体	46.12	7.19	26.60	9.02	0.46	10.62

7.12　借贷利率

表 7-42 报告了西部农村民间借贷的利率情况。统计调查表明，农村民间借贷利率的均值较低。其中汉族与少数民族居民的借出利率的均值均为 0.4%，借入利率的均值也大致相等，约为 3%。多数农村居民借贷款利率均为 0，这与农村"熟人社会"的特征相符，但农村民间借贷也出现了一些新的特征。调查发现，少数民族农村居民借入的年利率的最大值是 40%，而汉族农村居民借贷年利率的最大值是 48%。详见表 7-42。

表 7 - 42 家庭负债的利率分布

	少数民族					汉族			
	样本	均值	方差	最小值	最大值	样本	均值	方差	最小值	最大值
借出	108	0.40	1.66	0	10	148	0.40	1.94	0	12
借入	606	2.77	6.11	0	40	653	2.91	5.49	0	48

表 7 - 43 统计了西部各省（市、区）的家庭负债利率情况。其中，陕西省家庭负债的平均利率为 0.12%，利率水平最低；甘肃、青海和重庆三省市家庭负债的平均利率均低于 1.00%，分别为 0.34%、0.45% 和 0.47%；宁夏回族自治区家庭负债的平均利率为 7.78%，利率水平最高。详见表 7 - 43。

表 7 - 43 西部地区家庭借入款利率情况

省（市、区）	平均利率（%）	标准差
陕西	0.12	0.86
甘肃	0.34	1.46
青海	0.45	2.25
重庆	0.47	1.91
新疆	1.53	2.92
广西	2.52	4.11
四川	3.94	7.31
内蒙古	3.97	6.52
云南	4.15	7.48
西藏	5.03	5.06
贵州	5.24	6.53
宁夏	7.87	30.81

第8章 农户农产品生产情况

8.1 农户参与农业生产合作社情况

本次调查，针对"农户是否参与农业生产合作社"的问题参与回答的农户总样本为5820户。农产品生产调研数据显示加入农村生产合作社的农户不足一成，仅占总样本的6.29%；未加入农村生产合作社的农户比例达到88.40%。详见表8-1。

表 8-1　　　　　　　　　农户参与农业生产合作社的情况

参与情况	人数	比例（%）
未参加	5145	88.40
参加	366	6.29
对是否参与不知情	309	5.31
合计	5820	100.00

8.1.1 农户参与农业合作社的分省情况

调查结果显示，按照省份对农户参与农业合作社的情况进行分类，四川省参与农业合作社的农户比例最高，达到14.70%[①]；西藏和内蒙古的参与农业合作社的农户比例则不足1%。详见表8-2。

---

① 该计算结果中，不包含对是否参与农业合作社不知情的农户；只对"参与合作社"和"未参与合作社"的农户进行统计。以下数据处理均同上。

表 8 - 2　　　　　　　　　　农户参与农业合作社的分省情况

省（市、区）	人数	比例（%）
四川	157	14.70
重庆	67	14.14
云南	37	9.30
宁夏	30	6.58
青海	17	4.23
贵州	16	3.83
甘肃	16	3.25
陕西	11	2.76
新疆	5	1.83
广西	5	1.07
西藏	2	0.92
内蒙古	3	0.67

8.1.2　农户参与农业合作社的分民族情况

按照民族对农户参与农业合作社的情况进行分类，调研结果显示：汉族农户中参与农业合作社的比例达 6.78%；少数民族中参与农业合作社的比例为 6.53%。详见表 8 - 3。

表 8 - 3　　　　　　　　　　农户参与农业合作社的分民族情况

民族	人数	比例（%）
汉族	164	6.78
少数民族	200	6.53
布依族	8	6.11
朝鲜族	1	100.00
傣族	12	11.11
东乡族	1	50.00
鄂温克族	1	33.33
仡佬族	10	10.10
回族	24	6.58
拉祜族	4	25.00
蒙古族	4	10.00
苗族	1	2.04
羌族	25	14.62

民族	人数	比例（%）
撒拉族	16	4.43
土家族	65	14.25
佤族	1	33.33
维吾尔族	1	0.62
彝族	17	4.97
壮族	5	1.09
藏族	4	1.49

8.2　农户参与农业合作社的类型

调查结果显示，西部农户参与粮食合作社、蔬菜合作社、水果合作社的比例均超过两成。而农户参与养殖合作社的比例相对较低，占比仅 10.74%。详见表 8-4。

表 8-4　　　　　　　　　　　**农户参与农业合作社的类型**

类型	人数	比例（%）
粮食合作社	82	22.59
蔬菜合作社	73	20.11
水果合作社	81	22.31
养殖合作社	39	10.74
其他合作社	88	24.24
合计	363	100.00

8.2.1　农户参与合作社类型的分省市区情况

调研结果显示，西部各省（市、区）农户参与的农村合作社类型各不相同。其中，广西的农户参与粮食合作社的比例在西部十二省（市、区）中最高，占比 80%；贵州省的农户参与蔬菜合作社的比例在西部十二省（市、区）中最高，占比 61.54%；陕西省的农户参与水果合作社的比例在西部十二省（市、区）中最高，占比 44.44%；宁夏回族自治区的农户参与养殖合作社的比例在西部十二省（市、区）中最高，占比 77.78%；内蒙古的农户参与其他合作社的比例在西部十二省（市、区）最高，占比 71.43%。详见表 8-5。

表 8 - 5 农户参与农业合作社类型的分地区情况

参与比例（%）	农业合作社类型				
	粮食合作社	蔬菜合作社	水果合作社	养殖合作社	其他合作社
内蒙古	14.29	7.14	0.00	7.14	71.43
广西	80.00	20.00	0.00	0.00	0.00
重庆	32.31	55.38	3.08	4.62	4.62
四川	7.69	9.62	44.23	5.77	32.69
贵州	23.08	61.54	0.00	7.69	7.69
云南	60.00	0.00	11.43	5.71	22.86
西藏	50.00	0.00	0.00	0.00	50.00
陕西	44.44	0.00	44.44	0.00	11.11
甘肃	31.25	12.50	0.00	0.00	56.25
青海	37.50	37.50	12.50	12.50	0.00
宁夏	3.70	7.41	0.00	77.78	11.11
新疆	40.00	40.00	0.00	0.00	20.00

8.2.2 农户参与合作社类型的分民族情况

调研结果显示，西部农村家庭中，汉族农户参与其他合作社的比例最高，为 39.77%；少数民族农户参与粮食合作社的比例最高，为 31.05%。详见表 8 - 6。

表 8 - 6 农户参与合作社类型的分民族情况

参与比例（%）	农业合作社类型				
	粮食合作社	蔬菜合作社	水果合作社	养殖合作社	其他合作社
汉族	13.45	13.45	29.82	3.51	39.77
少数民族	31.05	26.32	15.79	16.84	10.00
布依族	14.29	57.14	0.00	14.29	14.29
朝鲜族	0.00	100.00	0.00	0.00	0.00
傣族	45.45	0.00	9.09	0.00	45.45
东乡族	100.00	0.00	0.00	0.00	0.00
鄂温克族	0.00	0.00	0.00	0.00	100.00
仡佬族	70.00	0.00	10.00	20.00	0.00
回族	14.29	4.76	0.00	80.95	0.00
拉祜族	75.00	0.00	0.00	0.00	25.00
蒙古族	25.00	0.00	25.00	25.00	25.00

参与比例（%）	农业合作社类型				
	粮食合作社	蔬菜合作社	水果合作社	养殖合作社	其他合作社
苗族	100.00	0.00	0.00	0.00	0.00
羌族	4.00	0.00	72.00	12.00	12.00
撒拉族	33.33	40.00	13.33	13.33	0.00
土家族	31.25	56.25	3.13	4.69	4.69
佤族	0.00	0.00	100.00	0.00	0.00
维吾尔族	0.00	0.00	0.00	0.00	100.00
彝族	35.71	0.00	28.57	21.43	14.29
壮族	80.00	20.00	0.00	0.00	0.00
藏族	50.00	25.00	0.00	0.00	25.00

8.3　安全农产品问题

　　调查结果显示，农产品的安全问题在西部农村地区并未引起农户的足够重视。其中，43.69%的农户表示从未听闻安全农产品；30.44%的农户表示不太了解安全农产品；只有25.87%的农户表示了解安全农产品。详见图 8-1。

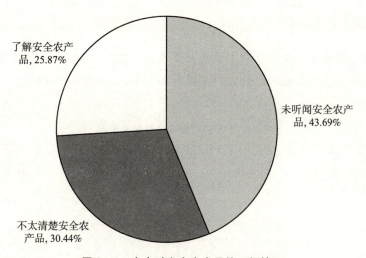

图 8-1　农户对安全农产品的了解情况

8.3.1 农户对安全农产品了解状况的分省情况

调查结果显示，新疆有 41.7% 的农户表示了解安全农产品，位列西部十二省（市、区）的首位；西藏了解安全农产品的农户比例仅占本省总样本的 13.27%，位居末位。详见表 8 - 7。

表 8 - 7   农户了解安全农产品的分省情况

省（市、区）	人数（人）	比例（%）
新疆	118	41.70
云南	150	32.97
甘肃	156	31.58
陕西	124	30.47
四川	317	28.41
内蒙古	116	23.82
青海	98	22.53
宁夏	100	21.55
重庆	105	21.38
广西	97	20.34
贵州	82	18.51
西藏	28	13.27

8.3.2 农户对安全农产品了解状况的分民族情况

调查结果显示，汉族农户中了解安全农产品的农户比例为 27.93%；少数民族农户中了解安全农产品的农户比例为 24.14%。详见表 8 - 8。

表 8 - 8   安全农产品知悉情况的分民族情况

民族	人数（人）	比例（%）
汉族	701	27.93
少数民族	782	24.14
布依族	28	20.14
傣族	40	34.48
东乡族	2	100.00
独龙族	3	42.86

民族	人数（人）	比例（%）
鄂温克族	1	33.33
鄂伦春族	1	100.00
仡佬族	40	33.90
回族	83	22.07
京族	1	16.67
拉祜族	2	10.00
蒙古族	12	29.27
苗族	9	18.37
羌族	47	25.82
撒拉族	87	22.48
土家族	104	22.08
佤族	2	66.67
维吾尔族	69	40.59
彝族	113	29.50
壮族	94	20.17
藏族	44	16.73

8.4　农户使用生产资料的情况

调查结果显示，过往经验是西部农村家庭选择生产资料的重要参考，占比52.01%。除此之外，经销商的宣传和邻居的选择也是农户选择生产资料的重要参考，分别占比 16.21% 和 16.03%。详见表 8 - 9。

表 8 - 9　　　　　　农户使用生产资料的决定因素*

使用生产资料的决定因素	人数	比例（%）
以往经验	2876	52.01
经销商的宣传和介绍	896	16.21
跟着邻居学	887	16.03
获得高收益	813	14.70
其他	505	9.16
专业技术人员的指导	475	8.59
各种媒介上的相关信息（书籍、报纸、电视、网络等）	307	5.55
农产品的使用对象（自食或销售）	266	4.82

使用生产资料的决定因素	人数	比例（%）
省时	209	3.78
合作社的指导	122	2.21

注：＊该表中的选项可以多选，比例表示选择该选项的农户占回答该问题的农户的百分比。

附录一：农户问卷

非常感谢您参与这次调查。"中国西部民族经济调查"——农村综合调查旨在收集西部地区农村居民的健康、经济和家庭情况等方面的数据，为学术研究以及政府制定、调整农村经济政策提供科学依据。

您是我们随机抽取的住户，希望您能支持和配合我们的工作。您的意见对我们非常重要，所有回答不分对错，我们向您郑重承诺，绝不会泄露您的隐私。非常感谢！

调查省（区）   P1 □□

内蒙古 15；广西 45；重庆 50；四川 51；贵州 52；云南 53；西藏 54；

陕西 61；甘肃 62；青海 63；宁夏 64；新疆 65；

县   P2 □

第一县 1

第二县 2

第三县 3

村   P3 □□

P4 □□□

P8 □□□□□□□□□

近郊村一 01
近郊村二 02
远郊村一 03
远郊村二 04
远郊村三 05

住户编码
住户电话

访问员姓名：（p51）　　访问员编码：（p52）
一审姓名：（p53）　　审核时间：　　月　　日（p54）
二审姓名：（p55）　　审核时间：　　月　　日（p56）
复核员姓名：（p57）　　复核时间：（p58）
录入员姓名：（p59）　　录入时间：（p60）
访问日期：年月日（p61）
开始时间：时分（p62）　结束时间：时分（p63）

第一部分：人口学特征

注：我们想了解您及与家庭有经济联系的家庭成员基本信息，包括以下情况：外出读书、外出打工或工作、探亲访友、出家、服刑、参军或服役、出国（旅游、留学、探亲等）、已结婚搬出住（以户口是否独立为判断标准）。

A100	个人编码	01	02	03	04	05	06	07	08
A101	姓名								
A102	性别：1. 男 2. 女								
A103	出生年月：[_|_|_|_]年 [_|_]月	[_|_|_|_] [_|_]	[_|_|_|_] [_|_]	[_|_|_|_] [_|_]	[_|_|_|_] [_|_]	[_|_|_|_] [_|_]	[_|_|_|_] [_|_]	[_|_|_|_] [_|_]	[_|_|_|_] [_|_]
A104	是否代答？ 0. 否 1. 是								
A105	您与户主的关系是？ 1. 本人 2. 配偶或伴侣 3. 父母 4. 子女 5. 祖父母/外祖父母 6. 岳父母/公婆 7. 儿媳/女婿 8. 孙子/孙女 9. 孙媳/孙女婿 10. 兄弟姐妹 11. 其他								
A106	是农业户口还是非农业户口？ 1. 农业户口 2. 非农户口								
A107	民族是？（只询问受访者及其配偶，相关信息参考卡片一）								
A108	婚姻状况？ 1. 单身 2. 未婚 3. 已婚 4. 再婚 5. 分居 6. 离婚 7. 丧偶								
A109	政治面貌是？ 1. 共产党员 2. 民主党派 3. 共青团员 4. 群众								

续表

A100 个人编码	01	02	03	04	05	06	07	08
A110 文化程度是？ 1. 没上过学　2. 小学　3. 初中　4. 高中 5. 中专或职业学校　6. 大专　7. 大学及以上								
A111 您受过多少年正规教育？（不包括留级级和休学）								
A112 宗教信仰是？（只询问被访者及其配偶） 1. 佛教　2. 道教　3. 回教/伊斯兰教　4. 基督教　5. 民间信仰　6. 无宗教信仰　7. 其他								
A113 有几个亲兄弟，不包括自己？（只询问被访者及其配偶）								
A114 有几个亲姐妹，不包括自己？（只询问被访者及其配偶）								
A115 在这些兄弟姐妹中排行老几？（只询问被访者及其配偶）								
A116 在本地，您的姓氏是大姓吗？ 0. 否　1. 是（只询问被访者及其配偶）								
A117 您主要从事的职业是？（只询问16岁及以上人员；相关信息参考卡片二） 1. 机关或事业单位管理者　2. 专业技术人员　3. 一般办事人员　4. 商业服务业员工　5. 个体工商户　6. 非农业户口的产业工人　7. 从事非农劳动的农民　8. 农业劳动者　9. 学生　10. 离休或退休　11. 无业、失业者								

第二部分：健康与社会保障

A100	个人编码	01	02	03	04	05	06	07	08
B101	您的身高是__厘米（cm）								
B102	您的体重是__公斤（kg）								
B103	过去四周是否生过病？ 0. 否　1. 是								
B104	过去四周您是否受过伤？ 0. 否　1. 是								
B105	目前您是否患慢性病？ 0. 否　1. 是								
B106	生病时通常由谁陪同去看医生（见卡片三）								
B107	您觉得自己的健康状况如何 1. 很好　2. 好　3. 一般　4. 很差　5. 非常差								
B108	过去一年中，您的医疗花费总额为（元）								
说明：新型农村合作医疗保险：治病可报销一定比例医疗费；新型农村社会养老保险：退休领取一定比例的养老金									
B109	您是否参加了新型农村合作医疗保险？ 0. 否【跳至第 B113 题】　1. 是								
B110	每年的缴费金额（单位：元/年）								
B111	已缴纳的年限（年）								
B112	医疗报销的比例（%）								

续表

A100 个人编码	01	02	03	04	05	06	07	08
B113 您没有参加新型农村合作医疗保险的原因是什么？ 1. 缴费率过高 2. 不需要医疗保险 3. 报销额度太低 4. 报销的限制条件太多 5. 缴费年限太长 7. 信不过保险机构 8. 其他____								
B114 您是否参加了新型农村社会养老保险？ 0. 否 1. 是【跳至第 B116 题】								
B115 您没有参加新型农村社会养老保险的原因是什么？ 1. 缴费率过高 2. 不需要养老保险 3. 报销额度太低 4. 报销的限制条件太多 5. 缴费年限太长 7. 信不过保险机构 8. 其他____								
B116 已缴纳的年限（年）								
B117 是以趸缴还是年缴方式缴纳农村社会养老保险？ 1. 趸缴 2. 年缴【跳至 B118】								
B118 趸缴金额（元）								
B119 年缴金额（元/年）								
是否开始领取养老金？ 0. 否【跳至 C101】 1. 是								
B120 每月领取金额（元/月）								

第三部分：老人与儿童

老人（只询问55岁以上女性，60岁以上的男性）

A100	个人编码			
C101	您的儿女、儿媳、女婿是否都在打工？ 0. 否【跳至C105】　1. 是			
C102	子女中打工距离您最近的在哪？ 1. 当地（随时可以回家）　2. 省内　3. 省外			
C103	他/她最短多久回来一次？ 1. 小于1个月【跳至C105】　2. 大于一个月，小于三个月　3. 大于三个月小于半年　4. 大于半年小于一年　5. 一年及以上			
C104	您的儿女上次回来待了多久？ 1. 1~5天　2. 6~10天　3. 11~15天　4. 半个月以上			
C105	您的居住安排？ 1. 与子女同住　2. 仅与孙子女同住　3. 仅老夫妻同住，但子女住在本村　4. 仅老夫妻同住，且子女不住在本村　5. 独居　6. 入住养老院或福利院			
C106	您的生活来源是【可多选，最多选3项】 1. 子女或孙子女资助　2. 退休金或养老保险金　3. 自己劳动收入　4. 配偶资助　5. 积蓄　6. 社会救助　7. 政府救助　8. 其他，请具体说明____			

续表

A100	个人编码				
C107	您日常主要花费在哪方面？ 1. 衣食住行等日常开支　2. 看病吃药　3. 孙子女教育　4. 人情支出 5. 其他				
C108	您主要的娱乐方式： 1. 看电视　2. 和邻居聊天　3. 打麻将，棋牌　4. 跳舞等户外活动 5. 其他				
C109	您觉得自己目前生活中最需要哪些帮助？ 1. 钱或财物　2. 生活上的照料　3. 精神上的安慰　4. 都不需要　5. 其他				
C110	您目前日常生活中主要由谁照料？ 1. 配偶　2. 儿子　3. 儿媳　4. 女儿　5. 女婿　6. 孙子女　7. 其他亲属 8. 朋友邻里　10. 社会服务　11. 保姆　12. 无人照料				

儿童

A100	个人编码		
C201	你的父亲在外打工吗？ 0. 否【跳至 C205】　1. 是		
C202	父亲在哪打工： 1. 在当地（随时可以回家）　2. 省内　3. 省外		

续表

A100	个人编码				
C203	父亲一般多久回来一次？1. 小于1个月 2. 大于等于一个月，小于三个月 3. 大于等于三个月小于半年 4. 大于等于半年小于一年 5. 一年及以上				
C204	父亲上次回来待多久？1. 1~5天 2. 6~10天 3. 11~15天 4. 16~20天 5. 20天以上				
C205	你的母亲在外打工吗？0. 否【跳至C209】 1. 是				
C206	你的母亲在哪里打工？1. 在当地（随时可以回家） 2省内 3. 省外				
C207	你的母亲多久回来一次？1. 小于1个月 2. 大于等于一个月，小于三个月 3. 大于等于三个月小于半年 4. 大于等于半年小于一年 5. 一年及以上				
C208	你的母亲上次回来待多久？1. 1~5天 2. 6~10天 3. 11~15天 4. 16~20天 5. 20天以上				
C209	平时主要是谁照顾你？1. 父亲 2. 母亲 3. 父母双方【跳至C211】 4. 外公/外婆 5. 爷爷/奶奶 6. 自己照顾自己 7. 其他亲戚				
C210	如果没有随父母一起外出居住于打工城市，其原因是【最多选3项】1. 打工地学校不接收 2. 学费大贵 3. 不能在城市参加中/高考 4. 父母没时间照顾 5. 其他，请具体说明				
儿童教育（询问6~18岁的儿童）					
C211	请问你在上学吗？0. 否【跳至C215】 1. 是				

· 151 ·

续表

A100	个人编码				
C212	几年级开始不上学的？（见卡片四）				
C213	不上学的主要原因？【可多选，最多选3项】 1. 成绩太差 2. 自己不想读书 3. 父母不愿意让我读书 4. 撤点并校后路途遥远 5. 撤点并校后上学成本太差，供不起我上学 6. 家里经济条件太差 7. 不读书也有很好的挣钱机会 8. 同伴也不上学 9. 其他，请具体说明				
C214	现在做什么？【可多选，最多选3项】 1. 在家种田 2. 在家乡附近自己做生意 3. 在附近的企业中工作 4. 在家里没有事做 5. 在外地打工 6. 在外地自己做生意 7. 在外地，但目前没有事做 8. 在外地，但是不清楚做什么 9. 其他，请具体说明				
C215	你的成绩在班级中所处的水平： 1. 优秀 2. 良好 3. 中等 4. 较差 5. 很差 9. 不知道				
C216	是否担心以下问题【由儿童自己回答，不能代答】				
C2161	经常吃不饱饭： 0. 否 1. 是 9. 不知道				
C2162	冬天穿不暖和： 0. 否 1. 是 9. 不知道				
C2163	常被同学欺负： 0. 否 1. 是 9. 不知道				

续表

个人编码				
A100	个人编码			
C2164	上学路远、艰险、易遇到危险： 0.否 1.是 9.不知道			
C2165	自己不能完成作业： 0.否 1.是 9.不知道			
C2166	担心父母的健康和安全： 0.否 1.是 9.不知道			
C217	你常常感到孤单吗？[12~18岁] 0.否 1.是 9.不知道			
C218	遇到新的小朋友，你会： 1.主动邀请一起玩 2.不好意思接近，等别人来找我 3.只顾自己玩 4.自己看着（他）玩 5.不知道			
C219	遇到困难时你会： 1.不知道怎么办 2.自己解决 3.向家人求助 4.向同学、朋友或老师求助 5.向邻居求助 6.其他，请具体说明			
C220	上一次犯错做错老师或家长批评你怎么做的？ 1.承认错误，下次不再犯 2.有点气愤，但只在心里想想 3.无所谓，听完顶撞了 4.当面顶撞，对着干 5.其他，请具体说明			

· 153 ·

第四部分：城乡迁徙

只询问 18～55 岁之间的成年人

A100	个人编码					
D101	您是否在外打工或在外打过工：（可代答） 0. 否 [只回答 D102、D103]　1. 是 [跳至 D104]					
D102	从未离家务工的主要原因是什么？[可多选，最多选 3 项] 1. 照顾老人/儿童　2. 年纪太了　3. 疾病或残疾　4. 担心在外　5. 在外面没有认识的人　6. 正在读书　7. 照看本地生意　8. 本地就业机会很多　9. 本地的农业收入较高　10. 其他，请具体说明					
D103	未来一年的外出打工打算是什么？ 0. 没计划　1. 两个月内会外出打工　2. 一年内外出打工					
D104	最近一次在外工作的时间段为： 从[_|_]月到[_|_|_|_]年[_|_]月	_/_至_/_	_/_至_/_	_/_至_/_	_/_至_/_	_/_至_/_
D105	外出务工的原因为：[可多选，最多选 3 项] 1. 家庭劳动力富余，在家无事可做　2. 城市机会多，收入高　3. 同村亲友都在外打工　4. 城里的生活质量更高，基础设施更加齐全，医疗水平更高　5. 其他，请具体说明____					

续表

A100	个人编码				
D106	最近一次出外务工找到工作的主要途径：【可多选，最多选3项】1. 自己寻找 2. 亲友熟人介绍 3. 通过QQ、报刊、电视等媒体 4. 本地政府组织 5. 劳务中介 6. 用人单位或用工地政府组织招聘 7. 其他，请具体说明____				
D107	是否为务工人员本人回答 0. 否【跳至第D109题】 1. 是				
D108	您选择回乡的原因是：【可多选，最多选3项】1. 结婚生子 2. 方便子女教育 3. 方便照料老人 4. 疾病或残疾 5. 在外面没有归属感 6. 在外打工挣不到钱 7. 农业生产需要劳动力 8. 其他，请具体说明____				
D109	您认为在外务工遇到的困难主要是【可多选，最多选3项】1. 随迁子女的教育问题 2. 挣不到钱 3. 不适应城里环境 4. 没有医疗养老工伤等社会保障 5. 其他，请具体说明____				
D110	配偶不在身边给您带来了一下哪些困难：【可多选，最多选三项】1. 农业生产劳动力不足 2. 孩子教育问题 3. 照顾家人时人手不足 4. 难以解决婆媳矛盾 5. 难以解决乡邻矛盾 6. 感情上孤独，烦恼无人诉说 7. 村民说闲话 8. 其他，请具体说明____				
D111	您需要配偶回乡工作吗？1. 需要 2. 不需要 3. 不知道				

第五部分：幸福感及传统文化

我们想了解你对自己生活等各个方面的满意程度，其中 5 分表示非常满意，4 分表示比较满意，3 分表示一般，2 分表示比较不满意，1 分表示非常不满意。仅请受访者回答，不能代答。

E101	1. 家庭经济状况	2. 家庭关系	3. 人际关系	4. 个人健康状况	5. 住房状况	6. 所居住的社区	7. 工作/打工	8. 总体而言，你对目前的生活状况是否满意
打分								

E102 总体而言，您觉得自己所过的生活怎么样？（　）

1. 非常幸福　　2. 幸福　　3. 一般　　4. 不幸福　　5. 非常不幸福

E103 当地传统民族文化是否淡化或流失现象？（　）

0. 否　　　　　1. 是　　　　2. 没有什么传统民族文化【跳至 F101】

E104 你准备让你的下一代学习、传承传统民族文化吗？（　）

0. 否　　　　　1. 是　　　　2. 不知道

E105 当地传统民族文化淡化或流失的主要原因有哪些？（　）

1. 汉族文化的影响

2. 现代多样性生活方式的影响

3. 民族文化意识的缺乏

4. "文化大革命"等的冲击

5. 政府缺乏传统文化保护意识

6. 其他，请具体说明____

注：民族文化是各民族在其历史发展过程中创造和发展起来的具有本民族特点的文化。包括物质文化和精神文化。

饮食、衣着、住宅、生产工具属于物质文化的内容；语言、文字、文学、科学、艺术、哲学、宗教、风俗、节日和传统等属于精神文化的内容。

第六部分：土地流转与征用

		1 宅基地	2 耕地	3 其他
F101	受访户目前拥有的土地类型			
F102	土地数量	平方米	亩	亩
F103	土地是否被征用过：0. 否【跳至 F108】 1. 是			
被征土地情况				
	被征土地类型	1 宅基地	2 耕地	3 其他
F104	面积	平方米	亩	亩
F105	价格	元/平方米	元/亩	元/亩
F106	被征的时间	[_|_|_|_]年 [_|_]月	[_|_|_|_]年 [_|_]月	[_|_|_|_]年 [_|_]月
F107	对补偿价格是否满意（见卡片五）			
土地转出情况				
F108	是否有土地转出 0. 否【跳至 F114】 1. 是			
	转出土地类型	1 宅基地	2 耕地	3 其他
F109	转出面积	平方米	亩	亩
F110	转出收益	元/平方米*亩	元/年*亩	元/年*亩
F111	转出年限	年	年	年

续表

编号	问题	1 宅基地	2 耕地	3 其他
F112	转出方式（见卡片六）			
F113	合同形式（见卡片七）【跳至 F117】			
F114	未参与土地转出的原因： 1. 自己没有多余土地　2. 流转的收入太低　3. 村组不同意　4. 没有转入者 5. 其他，请具体说明			
F115	如果可以转出土地，愿意转出的数量	平方米	亩	亩
F116	愿意接受的最低价格	元/平方米	元/年*亩	元/年*亩
土地转入情况				
F117	是否有土地转入 0. 否【跳至 F125】　1. 是			
转入土地类型		1 宅基地	2 耕地	3 其他
F118	转入面积	平方米	亩	亩
F119	转入成本	元/平方米	元/年*亩	元/年*亩
F120	转入收益	元/平方米	元/年*亩	元/年*亩
F121	转入前后是否变更用途： 0. 否　1. 是			
F122	转入年限	年	年	年
F123	转入方式（见卡片六）			
F124	合同形式（见卡片七）【跳至 G100】			
F125	未参与土地转入的原因： 1. 自己没有多余财力或物力　2. 转入收益太低　3. 村组不同意　4. 没有转出者　5. 其他，具体说明			
F126	如果可以转入土地，愿意接受转入的数量	平方米	亩	亩
F127	可接受的最高价格	元/平方米	元/年*亩	元/年*亩

注：1. 问题 F109，F118，F119 可能涉及到实物收益和成本，请调研员通过询问被调查者，将其转化为货币。
2. 1 亩 =10 分 =100 厘。
3. 如果没有给出答案，请将答案写为 -9。

第七部分：农村家庭经济情况

请熟悉家庭经济情况的回答本部分问题。特别提示：所有金额请先填写确切数字，受访者不能或不愿回答的请填写范围。范围参照卡片人

	基本情况	1 金额	2 范围
G100	基本情况		
G101	请问您去年一年的家庭收入为（　　）元。		
G102	您家过去一年的具体收入情况		
G1021	农林牧渔生产		
G1022	工商业生产（做生意）		
G1023	本地工资收入		
G1024	外地寄回打工收入		
G1025	租金（地租、房租、机器设备等生产资料出租）		
G1026	利息及其他金融收入		
G1027	人情收入		
G1028	其他＿＿＿		
G103	您家过去一年的支出情况	1 金额	2 范围
G1031	基本生活开支		
G1032	农业生产投入		
G1033	教育		
G1034	医疗		
G1035	买房、修房和建房		
G1036	人情支出		
G1037	婚丧嫁娶（自家办酒席等）		
G1038	工商业（做生意）投入		
G1039	其他＿＿＿		

G200	家庭资产负债情况		
		1 第一套房	2 第二套房
G201	您家拥有的房产情况		
G2011	房屋使用面积（ ）平方米（单层面积＊层数）		
G2012	建造时间是（ ）年例：1998 年		
G2013	总体花费（ ）元		
G202	您家是否在城镇购房（ ） 1. 是 0. 否 [跳至 G203]		
G2021	城镇住房情况 购买时间		
G2022	使用面积		
G2023	购买价格		
G2024	现在价格		
G203	您家拥有的车辆情况（摩托车及以上）		
G2031	您家是否有车（ ） 0. 无 1. 有		
G2032	最近一次购买的车辆是（ ）年例：1998 年		

G100	基本情况	
G2033	其购买价值为（ ）元	
G204	您家拥有的家电情况	
G2041	电视机 0. 无 1. 有	
G2042	电冰箱 0. 无 1. 有	

续表

G2043	洗衣机 0. 无　1. 有		
G2044	空调 0. 无　1. 有		
G2045	电饭煲 0. 无　1. 有		
G2046	电脑 0. 无　1. 有		
G2047	其他		
G205	您家拥有的农机设备情况		
G2051	拖拉机 0. 无　1. 有		
G2052	脱粒机（包括打稻机） 0. 无　1. 有		
G2053	动力播种机 0. 无　1. 有		
G2054	收割机 0. 无　1. 有		
G2055	抽水机（包括水泵） 0. 无　1. 有		
G2056	畜牧业机械 【解释见卡片九】 0. 无　1. 有		
G2057	林业机械 0. 无　1. 有		

续表

G2058	渔业机械　0. 无　1. 有
G2059	其他＿＿＿＿
G206	您家是否从事工商业（做生意）（　　） 0. 否［跳至 G207］　1. 有
G2061	您家从事哪些工商业（做生意）（　　） 1. 商品销售　2. 旅游服务行业　3. 其他服务行业　4. 工业生产

G207 您家的金融资产持有情况		1		2		3	
		01 金额	02 范围	01 金额	02 范围	01 金额	02 范围
存款	金额（元） G2071						
	期限（年） G2072						
借出款	金额（元） G2073						
	期限（年） G2074						
其他＿＿＿＿	金额（元） G2075						
	期限（年） G2076						

G208 您家的负债情况，填入金额范围		1 金额	2 范围
G2081	农林牧渔贷款		
G2082	工商贷款		

续表

G2083	房屋贷款		
G2084	教育贷款		
G2085	医疗贷款		
G2086	其他_____		

G300	资金供求情况				
G3011	过去一年内，您家是否有将钱借出（ ） 0.否【跳至G3031】 1.是				
G302	您家的借出款情况 [见卡片十]	对象 [见卡片十]	1 金额最大		2 金额次之
			01 金额	02 范围	01 金额	02 范围
G3021	对象 [见卡片十]				
G3022	金额（元）				
G3023	利息（%）				
G3024	期限（年）				
G3025	抵押担保情况 [见卡片十一]				
G303	已到期的借出款中，尚未收回的金额（ ）元				
G3031	如果您有闲钱，是否愿意将钱借出。 0.否【跳至G305】 1.是				
G3032	您最愿意将钱借给（ ）[见卡片十]				
G3041	如果您手头缺钱从事生产生活，您是否会向他人或机构借钱（ ） 0.否【跳至G3061】 1.是				
G3042	您最愿意从哪里借人（ ）[见卡片十一]				

· 163 ·

续表

	您家的借人款情况		1 金额最大		2 金额次之	
			01 金额	02 范围	01 金额	02 范围
G305	您家的借入款情况					
G3050	过去一年内，您家是否借入过钱（　） 0. 否 [跳至 G3061]　1. 是					
G3051	对象 [见卡片十一]					
G3052	金额（元）					
G3053	利息（%）					
G3054	期限（年）					
G3055	用途 [见卡片十二]					
G3056	抵押担保情况 [见卡片十三]					
G3061	您是否有到期无法偿还的借款（　） 0. 否 [跳至 H100]　1. 是					
G3062	尚未偿还的金额为（　）元					
G3063	您无法偿还的原因是 [受访者不知道填写 -9 受访者拒绝回答填写 -99] 1. 从事农、林、牧、渔生产收入不足　2. 工商业经营失败或资金周转慢　3. 贷款用于生活性消费，没有还款来源　4. 有更需用钱的事　5. 贷款用于赌博输掉了　6. 其他					

第八部分：农户农产品生产情况

H100	您家是否加入了合作社？ 0. 否【跳至 H102】 1. 是 9. 不知道
H1001	该合作社是什么类型的合作社？ 1. 粮食合作社 2. 蔬菜合作社 3. 水果合作社 4. 养殖合作社 5. 其他
H1002	您家是否加入合作社已加入多少年？（单位：年）
H1003	该合作社是否统一供应生产资料？ 0. 否 1. 是 9. 不知道
H102	您知道什么是安全农产品吗？ 0. 完全不知道 1. 不太清楚 2. 知道
H103	种植自己吃的果蔬或粮食，你会像卖给其他人那样的打农药和施化肥吗？ 0. 否 1. 是 2. 不太确定 9. 不知道
H104	您家在生产农产品过程中，使用哪种生产资料（包括肥料、农药和饲料等）以及如何使用，主要是根据以下哪些因素来决定？ 1. 主要看是否能获得高收益 2. 跟着邻居学 3. 经销商的宣传和介绍 4. 从各种媒介（如书籍、电视、报纸、网络等）上获取相关信息 5. 听合作社的指导 6. 听农技员等专业技术人员的指导 7. 主要看是否省时间 8. 凭以往的经验 9. 是否自食和出售 10. 其他

附录二：村庄问卷

非常感谢您参与这次调查。"中国西部民族经济调查"——农村综合调查旨在收集西部地区地区居民的健康、经济和家庭情况等方面的数据，为学术研究以及政府制定、调整农村经济政策提供科学依据。

您是我们随机抽取的村庄，希望您能支持和配合我们的工作。您的意见对我们非常重要，所有回答不分对错，我们向您郑重承诺，绝不会泄露您的隐私。非常感谢！

调查省（区）   P1☐☐

内蒙古 15；广西 45；重庆 50；四川 51；贵州 52；云南 53；西藏 54；

陕西 61；甘肃 62；青海 63；宁夏 64；新疆 65；

县   P2☐

第一县 1

第二县 2

第三县 3

村   P3☐☐

近郊村一 01

近郊村二 02

远郊村一 03

远郊村二 04

远郊村三 05

访问员姓名：_____（p50）   访问员编码：_____（p51）

一审姓名：_____（p52）   审核时间：___月___日（p53）

二审姓名：_____（p54）   审核时间：___月___日（p55）

复核员姓名：_____（p56）   复核时间：_____（p57）

录入员姓名：_____（p58）   录入时间：_____（p59）

访问日期：___年___月___日（p6）

开始时间：____时____分（p61）　　　结束时间：____时____分（p62）

西南民族大学经济学院

中国西部民族经济研究中心

2014 年 6 月

A. 村庄基本情况

A101 受访者姓名_____

　　A1011 请问您担任的职务是_____

　　1. 村长　　　2. 村支书　　　3. 村会计　　　4. 其他_____

　　A1012 请问您的联系电话是□□□□□□□□□□□

A102 该村的具体名称是什么？_____

A103 村里人口总数是多少？_____人

A104 该村人口总户数为（　　　）户

　　A1041 该村五保户有（　　　）户

　　A1042 该村低保户有（　　　）户

A105 村里男女比例是多少？_____

A106 村里劳动人口比例是多少？_____

A107 村里民族类型及其人口所占比例（见卡片）

第一大民族	_____族（A1070）	所占比例	_____%（A1071）
第二大民族	_____族（A1072）	所占比例	_____%（A1073）
第三大民族	_____族（A1074）	所占比例	_____%（A1075）
第四大民族	_____族（A1076）	所占比例	_____%（A1077）
第五大民族	_____族（A1078）	所占比例	_____%（A1078）

A108 村民过去一年的人均年纯收入是多少？_____万元

　　A1081 收入主要来源是_____。

　　1. 种植收入　　　　　　2. 养殖收入

　　3. 矿产等自然资源　　　4. 外出打工

　　5. 旅游业等第三产业收入　6. 工商业生产收入

　　7. 其他

A1082 其收入主要来源的所占比例为_____

A109 该村农户中男性外出打工的家庭有（　　）户；（若不知道填"－9"）

A1091 该村夫妻均外出打工的家庭有（　　）户。（若不知道填"－9"）

A110 该村每年从上级政府获得（　　）万元拨款。

A1101 其中（　　）万元是专项拨款。

A1102 其中（　　）万元为扶贫资金。（若"无"，则填"0"）

A1103 其中（　　）万元为其他拨款。【逻辑检查 A1101 + A1102 + A1103 = A110】

A111 该村低保线标准是_____元？

B. 文化教育

B101 成年村民的文化水平平均水平是（　　）？

1. 小学　　　　　2. 初中　　　　　3. 高中　　　　　4. 其他_____

B102 村里学生上下学的方式（　　）【若选 2/3/4，转至 B103】

1. 校车　　　　　2. 徒步　　　　　3. 自行车　　　　　4. 其他_____

B1021 校车收费标准：_____元/学期。（不收费或包含于学费中，请填"0"）

B1022 过去一年，该校车是否发生过重大交通事故？

0. 否【转至 B103】　　1. 是

B1022 受伤人数为_____人

B1023 死亡人数为_____人

B103 村里教育机构现状：

	学校数量	学生数量	教师数量	大多数教师的学历
幼儿园				
小学				
初中				
高中				
职专				

（备注：此处"学生数量"和"教师数量"为该阶段所有学校的总量。）

B104 村里的学校有无进行撤点并校：_____ 0. "无" 1. "有"

B1041 该村进行撤点并校是在何年？□□□□年

B1042 撤并前后三年的辍学率：

撤并小学教学点/学校的年份	小学辍学率	撤并初中教学点/学校的年份	初中辍学率
撤并前第三年_____		撤并前第三年_____	
撤并前第二年_____		撤并前第二年_____	
撤并前第一年_____		撤并前第一年_____	
撤并年份　　_____		撤并年份　　_____	
撤并后第一年_____		撤并后第一年_____	
撤并后第二年_____		撤并后第二年_____	
撤并后第三年_____		撤并后第三年_____	

（备注：请在横线上填出撤点并校的年份，并填写横线上下连续三年的年份及辍学数据）

C. 交通及商业设施

C101 村里主要道路是（　　　）

1. 小道（不能通汽车）　　　　2. 土路（能通汽车）

3. 柏油马路　　　　　　　　　4. 水泥路

5. 其他

　　　C1020 村里有_____条铁路经过。（请填具体数字，没有请填"0"）

　　　C1021 村里有_____条高速经过。（请填具体数字，没有请填"0"）

　　　C1022 村里有_____条国道经过。（请填具体数字，没有请填"0"）

C103 村内是否有高速公路出入口_____

0. 没有　　　1. 有　　　9. 不知道

C104 村里是否有汽车站？_____ 0."否"【转至 C105】　　1."是"

　　　C1041 最近的汽车站离村委会距离大致为_____（单位：公里）

C105 村里是否有火车站？_____ 0."否"【转至 C106】　　1."是"

　　　C1051 最近的火车站离村委会距离大致为_____（单位：公里）

C106 该村村民可以进行融资借贷的地方有（　　　）个；

　　　C1061 其中有（　　　）个银行/农村信用社；

　　　C1062 有（　　　）个民间机构。

D. 水电供给、互联网接入

D101 该村有多少户没有通电_____户（调查员检查此数字是否低于 A4）

D102 该村一年内停电次数为_____次？（若"不知道"，填"-9"）

D1021 每次停电持续时间大致为_____小时。

D103 该村互联网普及率为_____%（若"不知道"，填"－9"）

D104 该村村民主要的联系方式是？

1. 信件　　　　　　　　　　2. 电话（手机和座机）

3. 互联网　　　　　　　　　4. 其他_____

D105 该村的用水主要来自于_____【除选择"1"外，跳至D107】

1. 自来水　　　　　　　　　2. 井水

3. 山泉水　　　　　　　　　4. 湖河水库

5. 其他_____

D106 该村一年内大约停水_____次

D107 村里生活用水是否紧缺？_____0."否"【转 D108】　1."是"

D1071 用水紧缺时间段为_____

1. 春季　　　2. 夏季　　　3. 秋季　　　4. 冬季

D108 该村主要饮用水质量近五年变化程度_____

1. 明显变好　　2. 明显变差　　3. 没变化　　9. 不知道

E. 医疗卫生

E101 村里有_____家正规医疗机构。【若为0，则跳至E104】

E102 该村是否有村定点医疗机构站（即能报销医疗费的医疗机构站)？
_____0."否"　1."是"

E103 该村医疗机构的医师水平大多是（　　　）

1. 自学医疗知识　　　　　　2. 师傅带领学习

3. 正规医学院毕业生　　　　4. 其他_____

E104 村里新型农村合作医疗保险普及率为_____%。（若"不知道"填
"－9"）

E105 新型农村养老保险普及率为_____%。（若"不知道"填"－9"）

F. 土地情况

F101 村子的主要地形是？（　　　）

1. 平原　　　　2. 丘陵　　　3. 山脉　　　　4. 盆地

5. 其他_____

F102 村子里的土地情况：

F1021 村里耕地面积为_____（单位：亩）；

F1022 村里林地面积（包括退耕还林）为_____（单位：亩）；

F1023 村里其他土地面积为_____（单位：亩）

F103 村里近三年有无征地_____ 0."无"【转至 G101】 1."有"

F1031 近三年征地情况：

年份	2011 年	2012 年	2013 年
征地总面积（单位：亩）			
赔款总额（单位：万元）			
实际到账（单位：万元）			

F104 对实际到账的赔款额分配情况：

年份		2011 年	2012 年	2013 年
村民所得	货币补偿			
	社会保障补偿			
村集体公益事业提留				
其他_____				

F105 本村土地承包经营权流转从（　　）年开始；（如：2014）

F1051 其最主要的形式是_____

1. 转包　　　2. 出租　　　3. 互换　　　4. 转让

5. 入股　　　6. 其他_____（请具体说明）

G. 村干部人事组织

G101 村干部主要成员有几位_____？

G102 村干部中党员有_____位？

G103 最近一次村委会候选人的选举方式是（　　　）

1. 由村民直接提名产生

2. 由选举委员会直接提名产生

3. 由村党支部直接提名产生

4. 由上级提名产生

5. 其他，请详细说明_____。

G1031 选举村委会时是否进行公开计票？_____ 0."否" 1."是"

G1032 外出务工农民的选票如何处置？（　　　）

1. 不计算在选民范围内

2. 计算在选民范围内，由选举委员会决定与控制

3. 根据选民意愿委托他人投票

4. 其他，请具体说明_____

G1033 村干部_____年换届一次。

G104 村干部学历

G1041 村长的学历_____

1. 没上过小学　　　　　2. 小学

3. 初中　　　　　　　　4. 高中或专科

5. 本科及以上

G1042 村支书的学历_____

1. 没上过小学　　　　　2. 小学

3. 初中　　　　　　　　4. 高中或专科

5. 本科及以上

G1043 村会计的学历_____

1. 没上过小学　　　　　2. 小学

3. 初中　　　　　　　　4. 高中或专科

5. 本科及以上